証券会社が勧めた投資信託で100万円損しています!ハマシマさん、資産運用のコツを教えてください

いま買うべき投資信託13本!

ファイナンシャルアドバイザー
濵島成士郎
SEIJIRO HAMASHIMA

ビジネス社

はじめに

今、投資信託が注目されているワケ

私が証券業界に入った当時は、まだ証券会社しか投資信託を販売できませんでした。１９８８年のことです。

当時のことを思い返すと、投資信託を取り巻く環境は本当に大きく変わったと思います。投資信託協会のデータによると、１９８９年12月末、つまりバブルのピークだった時の純資産総額は58兆６９４２億円でした。それから34年の歳月を経た２０２３年9月現在のそれは１８９兆９０１億円となっています。ざっと3倍になりました。

さらに、変わったのは投資信託を運用している投資信託会社の数です。１９８９年12月当時は、四大証券会社と言われた野村、日興、大和、山一の4社、そして準大手証券会社と言われた新日本、勧角、和光、国際、岡三などの系列投資信託会社しか存在していませんでした。数にすると10社前後だったと記憶しています。

それが今はどうでしょう。個人を対象にした公募投資信託を設定・運用している投資信託会社だけで60社を超えています。かつ投資信託を販売する金融機関は、証券会社だけでなく銀行、投資信託会社の直接販売も含めて大きく広がりました。１９８８年当時は、まさか銀行が投資信託を販売するとは夢にも思いませんでした。

純資産総額が３倍増と言っても34年もかかっているので、爆発的に伸びたとは言えません。ただ、この10年を振り返ると、投資信託が物凄い勢いで成長したことがわかります。

２０１２年12月。旧民主党政権が倒れ、故安倍晋三首相のもと自民党政権が復活しました。この時、投資信託の純資産総額は68兆１４５４億円でしたから、10年と８カ月間で１８９兆９０１億円にまで増えました。実に２・７倍です。「34年をかけて３倍程度」と申し上げましたが、その大半が10年８カ月間で増えたのです。

なぜ、この10年間でここまで投資信託が伸びてきたのでしょうか。

第一に、投資環境の改善です。故安倍元首相は「アベノミクス」を掲げ、日本経済の回復を目指しました。黒田東彦前日銀総裁と強力なタッグを組んで「量的・質的金融緩和」を行い、デフレ経済からの脱却を目指すと同時に、日本経済の足を引っ張っていた円高と株安の是正が図られたのです。その結果、徐々に円安に振れるようになり、株価も上昇に転じました。

第二は、森信親元金融庁長官の功績です。通常2年とされる金融庁長官の職を3年にわたって続け、「史上最強の金融庁長官」と言われた人物です。森長官は、「フィデューシャリーデューティー＝顧客本位の業務運営」を旗印に、金融業界・資産運用業界に改革を迫りました。具体的には、銀行・証券会社などに対し、顧客の利益を第一に考える、手数料等を明確化する、資産やニーズ等の顧客属性にふさわしいサービスの提供などを強く求めました。「国民の厚生を増大する」ために徹底的に大ナタをふるったのです。つみたてＮＩＳＡが始まったのも森長官の時代です。

投資信託といえば、昔は「厄介者《やっかいもの》」扱いでした。詳細は第2章に譲りますが、投資家からも販売を担当する証券マンからも嫌われていました。お客様からすると「手数料が高いし、さほど儲かるとも思えない」、証券マンからすると「お客様の資金が固定化してしまう上に、個別株のほうがはるかに儲かる」と思っていました。今では考えられないようなことも行われていて、陰では「ゴミ箱」とささやかれていたのです。私が若手証券マンだった頃は、投資信託のノルマをこなすためには、ほぼ確実に値上がりする新発ＣＢ（転換社債）や新規公開銘柄を抱き合わせにしてようやく買ってもらっていました。

近年のように投資信託の純資産総額が大きく伸び、運用する会社の数が増え、「投信ブロガー」と称する個人投資家が活発に意見を交換するような時代が来ようなどとは夢にも思いませんでした。

バブル経済崩壊後の30年間でさまざまな改善・改革が行われた結果、個人投資家にとって良い方向かつ大きな変化を遂げた金融商品は、投資信託をおいて他にはないとまで思えてきます。

投資信託で資産を守る

近年、投資信託が大きく伸びた三番目の要因だと考えていることがあります。それは超高齢社会の到来と社会保障費、なかでも年金財政の問題でしょう。

もちろん、一部でまことしやかにささやかれるような「年金財政が破綻する」事態に陥ることはありません。

しかし、生産年齢人口が減る一方で、高齢者人口は増加の一途をたどっています。現在の「賦課方式」を続ける以上、現役世代の年金保険料負担はどんどん重くなります。同時に高齢者が受け取る年金の額は減ってゆく可能性が高いのです。

高齢者人口の増加と若年層人口の減少は、年金受給者だけでなく、現役世代の生活をも苦しめることになるのです。

こうした状況を考えた時、私たちは自分の生活を守っていくうえで何をするべきなのでしょうか。

その答えのひとつに投資信託の活用があります。ここではあまり多くを申し上げませんが、逼迫《ひっぱく》する年金財政と将来不安、そして最近、徐々に上がる気配を見せているとはいえ、金利は相変わらず低いままです。一方でインフレが定着する可能性が高まっています。こうした環境のなかで、将来に向けて資産形成・資産運用していくうえで、投資信託ほど有効な商品・手段は他には考えられません。

「考えられません」というのは大げさかもしれませんが、少なくとも有力な選択肢であることは間違いありません。

かつては「ゴミ」のように扱われてきた投資信託。今では運用の透明度は格段に向上し、かつ購入・保有する際にかかるコストは格段に下がりました。

投資信託会社が大幅に増えたことで、商品開発競争も激しくなりました。同時に投資信託を購入する個人投資家の目も肥えてきたことから、投資信託会社は個人と向き合い、まっとうな投資信託を設定・運用するようになってきました。

また販売面でも「顧客本位」の考え方が徐々に浸透し、かつてのような露骨な回転商い

（売り買いを繰り返すこと）はずいぶん減りました。投資信託は、誰でも活用できる、国民的な金融商品に育ってきたのです。

FP、IFA、RIAの違い

そのなかで私が今、何をしているのかを簡単に申し上げておきたいと思います。

RIAという言葉をご存じでしょうか。Registered Investment Adviserの略で、「公認投資助言者」などと訳されています。その名の通り、主に個人のお客様を対象として投資の助言をさせていただく仕事です。

お金のアドバイザーというと、「FP（ファイナンシャル・プランナー）」や「IFA（独立系ファイナンシャルアドバイザー）」もあります。その違いはどこにあるのか、よくわからないという人もいらっしゃるでしょう。

その違いを簡単に説明しましょう。

ネット媒体や雑誌などで目にする機会が多いFP（ファイナンシャル・プランナー）は、家計全般に関して知見を持っている専門家のことです。具体的には金融、税制、不動産、住宅ローン、保険、教育資金、年金制度などに関する専門的な知識を持ち、相談者の年収、家族構成、ライフイベントなどを考慮しつつ、主にお金の側面から将来設計を支援します。FPは、どこの金融機関にも属さない独立系だけでなく、銀行や証券会社など金融機関の社員がFP資格を取得し、店頭などでお客様の相談に乗るケースもあります。ただ後者の立場だと、所属している金融機関のバイアスがかかることを考慮しておく必要があるでしょう。

FPは資産運用の相談にも乗ってくれます。しかし相談者から報酬を受け取って「A投資信託を買ってください」といった具体的なアドバイスをしてはいけないことになっています。なかには「おそらくバレないだろう」という軽い気持ちで、アドバイスしているケースもないとは言えません。具体的な商品までアドバイスをするならば、「投資助言業」の登録が必要になります。

次にIFAです。ここ数年、よく耳にするようになりました。IFAはIndependent Financial Adviserの略で、特定の証券会社に所属せず、証券取引の仲介をする人たちのことです。社員として株式や債券、投資信託を販売するのではなく、証券会社の業務委託先として契約を結び（実際には証券会社と金融商品仲介業者が業務委託契約を締結し、その仲介業者の業務委託先となるケースが多い）、証券会社が扱っている金融商品を販売するのです。お客様の売買で得られた手数料の一部がIFAの取り分となります。

ちなみに金融商品仲介業者が業務委託契約を結んでいる証券会社は、特定の1社に限られることはありません。複数の証券会社との間で契約を結び、より幅広い商品を扱うこともできます。

ＩＦＡは証券会社に属さない証券営業員として、お客様に対して資産運用のアドバイスや具体的な金融商品の提案、購入、アフターフォローまで行うことができます。

現在、多くのＩＦＡは「コミッション」と呼ばれる株式や債券、投資信託の販売・売買によって発生する手数料を収益源にしています。また、担当のお客様が保有しているラップ口座や投資信託など、預かり資産に応じた収入（フィー）も得られます。

そこで、ＩＦＡとして食べていくには、コミッションかフィー、つまり金融商品を販売・売買するか、投資信託等の預かり資産を増やすか、あるいはその両方を目指すことになります。

実際には、お客様を開拓して預かり資産を増やすのは簡単ではなく、コミッションを追求しているＩＦＡが多いと感じます。残念ながら、手数料率の高い商品を販売しがちですし、下手をすると手数料欲しさの回転商いをする人も散見されるのが現実です。

RIAは良心的なビジネスモデル

最後にRIAについてです。Registered Investment Adviser、つまり投資助言者ですから、もっぱらお客様に対して助言するのが仕事です。

前述の通り、IFAは証券会社から独立しているとはいえ、基本的には商品を販売・売買して入るコミッションが主な収益源になります。一方、RIAはあくまでも助言が仕事であり、その助言に対して顧客から報酬を受け取ります。そのため、手数料率の高い粗悪な金融商品への投資を勧めたり、手数料目的での回転商いを助言することはありません。投資家にとって味方であり、安心できるビジネスモデルだと思います。

とはいえ、日本ではRIAはまだ根付いてはいません。アドバイスに対して報酬を払うことに抵抗感を持つ人も多いですし、そもそもRIAビジネスを行っている会社はまだほんのわずかしかありません。

しかし、米国では、金融商品を売りにくる営業員ではなく、RIAなどのファイナンシャルアドバイザーから助言を受けて資産をマネジメントしていくのが当たり前になっています。「自分の味方は誰なのか」をちゃんと理解しているのです。いずれ日本も米国のようになっていくだろうと考えています。

投信会社に足を運び、運用担当者に取材する

弊社では、富裕層から資産形成層まで幅広いお客様の資産運用相談に乗っています。国際分散投資とコア・サテライト運用によるリスク管理を重視した助言を行っていますが、コア部分については投資信託かＥＴＦを活用したポートフォリオ運用をお勧めしています。

その際、お勧めする投資信託のうちアクティブファンドに関しては、投資信託会社に訪問し、ファンドの運用担当者に直接インタビューするようにしています。

アクティブファンドは、日経平均株価やＳ＆Ｐ５００といった株価指数への連動を目指すインデックスファンドとは違い、運用会社の哲学、ファンドマネジャーのポリシーや手腕、運用体制、トレーディング技術、リスク管理体制、人事制度など定性的要素が運用成績に影響します。

単純に過去の運用実績だけを見て、良し悪しを判断できるものではないのです。

その定性的要素を、ファンドマネジャーをはじめとして運用に携わっている人たちへの

インタビューを通じて情報収集、分析することによってお客様にお勧めできるのか、もしくはできないのかを判断しています。

本書は、こうした視点から「これならお勧めできる」と思われる投資信託をピックアップするとともに、投資信託の選び方、買い方などについてまとめました。

折しも2024年1月から新NISAがスタートしました。新NISAでは、つみたて投資枠で280本、成長投資枠で約2000本の投資信託を購入することができます。成長投資枠では投資信託だけでなく、株式の個別銘柄やJ-REITなどにも投資できます。それでも新NISAを活用してこれから資産形成を始める人たちは、まずは投資信託を選ぶ人が多いと思います。

冒頭でも触れたように、今から30年以上前はまさか日本でここまで投資信託が一般化するなどとは夢にも思いませんでした。まさに隔世《かくせ》の感を禁じ得ません。

新NISAのスタートを期に、投資信託はますます多くの人に注目され、活用されていくと思います。

だからこそ、投資信託に関する基本的な知識と、投資するファンドの選び方をぜひ学んでおいてください。

はじめに　3

序章
証券会社に勧められた投資信託で100万円損しています！濵島さん、なんとかしてください！

銀行の紹介で系列の証券会社から購入！　22
ファンドラップの罠にはまる　25
100年たっても儲からない？　27
オーダーメイドだから話を聞く　28

第1章
「投資信託」って買ったほうがいいんですか？

ようやく「貯蓄から投資へ」の時代が来た　34

将来受け取れる年金が減ってしまう 36
デフレからインフレへの大転換 41
インフレの影響を甘く見てはいけない 46
新NISAで投資の非課税枠が拡大されたことの意味 49
昔のモデルは完全に通用しなくなったという事実 52
投資信託は資産形成、資産運用に最適な金融商品 54

第2章 投資信託の基礎知識

投資信託はただの「箱」です 60
この10年で商品性は格段に向上 62
投資信託のリターンは基準価額の騰落率で表示 66
普通分配金と元本払戻金（特別分配金） 69
コストは「総経費率」をチェックする 71

インデックス型（インデックスファンド）とアクティブ型（アクティブファンド） 74
投資信託の「信託期間」とは 77
実は破綻リスクに強い投資信託 78
投資信託の情報開示資料に目を通そう 82
運用報告書で過去の運用経過を把握する 86
運用レポートにも目を通す 88

第3章 投資信託はここで買う

投資信託を扱う金融機関はさまざま 92
ネットで買うか、店舗で買うか 93
新NISAつみたて投資枠の品ぞろえ 96
プロのアドバイザーを頼ってみる 98
こんなサービスを提供 102

投資信託のリスクについて……109

第4章 心の底から勧める投資信託の選択基準

日本で設定・運用されている本数は約6000本……114
選択基準1 純資産総額が極端に小さい投資信託は買わない……116
選択基準2 資金流出が長期にわたる投資信託も買わない……119
選択基準3 アクティブファンドは最低3年運用しているものを選ぶ……123
選択基準4 信託期間が無期限のものを選ぶ……126
選択基準5 分配金の考え方は千差万別……127
選択基準6 総経費率の低いものを選ぶ……129
選択基準7 テーマ型は避ける……131
選択基準8 アクティブファンドは運用方針に注目……134
選択基準9 「ファンド・オブ・ザ・イヤー」のファンドをチェックする……139

第5章 より有利に運用するためのアイデア9選

新NISAは最短最速で1800万円を積み上げる……144
新NISAとiDeCoを併用する……147
預金は360万円あればいい……150
ベースは「オルカン」……153
ポートフォリオは人それぞれ……156
ポートフォリオは定期的に見直すこと……158
資産活用層は取り崩しも視野に入れる……162
REITで高い分配利回りを狙う……166
金ETFでリスク分散をはかる……170

第6章 日本でもっとも信頼されている資産運用アドバイザーが勧める投資信託13選

50歳を過ぎたとしても諦める必要なし …… 176
資産形成層に適した投資信託、資産活用層に適した投資信託 …… 179
インデックスファンド eMAXIS Slim全世界株式（オールカントリー）〈購入・換金手数料なし〉 …… 182
インデックスファンド ニッセイ外国株式インデックスファンド …… 183
インデックスファンド eMAXIS Slim米国株式（S&P500）〈購入・換金手数料なし〉 …… 185
インデックスファンド ニッセイNASDAQ100インデックスファンド …… 187
アクティブファンド 農林中金〈パートナーズ〉長期厳選投資おおぶね …… 189
アクティブファンド ひふみプラス …… 191
資産活用層向けETF NEXT FUNDS 日経平均高配当株50指数連動型上場投信 …… 194

資産活用層向けETF　MAXIS全世界株式（オールカントリー）上場投信……196
資産活用層向けETF　iシェアーズS&P500米国株ETF……196
資産活用層向けETF　iシェアーズ米ドル建て投資適格社債ETF（為替ヘッジあり）……198
資産活用層向けETF　iシェアーズ・コアJリートETF
NEXT FUNDS外国REIT・S&P先進国REIT指数（除く日本・為替ヘッジなし）連動型上場投信……200
資産活用層向けETF　純金上場信託……203

終章

濵島さんに頼ったらなんとかなりそうになった！

インベストメントポリシーと時間分散……206
アセットアロケーション＝資産配分案……209
新NISAの活用とポートフォリオ……213

序章

証券会社に勧められた投資信託で
100万円損しています!
濵島さん、なんとかしてください!

銀行の紹介で系列の証券会社から購入！

２０２３年11月のある日のことです。弊社に中年のご婦人が慌ただしく飛び込んできました。この女性の名前を仮にTさんとします。現在、60歳で9月末に40年間勤めた会社を定年退職して失業保険の申請中だそうです。同い年の夫と二人暮らしで、お子さんはいらっしゃらないとのことです。ご主人も定年を迎えたものの雇用延長中だとか。

本書を出版してくれるビジネス社の社長から「彼女が現在、保有している投資信託のリターンが思わしくないので、濵島さん、相談に乗ってくれませんか」との紹介でした。

席に着くなり自己紹介もそこそこでTさんはまくしたてます。

「2年前に相続で３０００万円が入ったので某メガバンクに預けていたら、その担当者が『こんなに現金を寝かせていても、もったいない。老後のことを考えて投資信託に預けませんか』と言うので、系列証券会社の担当者を紹介されました。そこで１６００万円の投資信託を買ったのですが、今年9月末の報告書を見たら１００万円損しているのです！」

あちゃ～、私の古巣の証券会社です。後述しますが、「金融機関が勧める商品」は、「金融機関が儲かる商品」です。手数料や運用コストが高かったり、会社が売りたい商品だったりと、お客様の立場に立った金融商品ではないケースが多いのです。また、銀行と系列の証券会社は連携していますので、顧客を紹介して得られた手数料は成績にカウントされます。そのため手数料の高い商品を勧められるケースもあります。こうしたやり取りが日常茶飯事であるのです。まずはTさんにご持参いただいた投資信託の詳細を拝見します。ファンドラップと書いてあります（次ページ図参照）。

「あー、これはファンドラップですね」と私。

「ファンドラップってなんですか」とTさんが尋ねます。

「いろいろなファンドを包み込む、ラップするという意味です。複数の投資信託を組み合わせて運用・管理するサービスのことです。ただ、組み込まれた投資信託とファンドラップ自体の手数料が二重にかかるので、運用コストが年2％を超えるような手数料の高い商品もあります。なかにはコストをかけてリターンを生まない商品に投資しているケースもあり、金融庁も問題視しています」

実はファンドラップに関しては、金融庁が「安全資産を高コストで組み入れることは顧客資産の毀損《きそん》につながる、真に顧客利益に資するものか商品性の再考が求められる」と厳しく指摘しているのです。

Tさんが保有していた商品も、まさに「安全資産を高コストで組み入れた」ファンドラ

ファンドラップの資産配分比率

銘柄名等	比率（%）
ｷｬﾋﾟﾀﾙ・ｸﾞﾛｰﾊﾞﾙ・ﾎﾞﾝﾄﾞFF（限定為替ﾍｯｼﾞ）	17.15
ｷｬﾋﾟﾀﾙ日本株式ﾌｧﾝﾄﾞF	14.70
ｷｬﾋﾟﾀﾙ・ｸﾞﾛｰﾊﾞﾙ・ｱﾛｹｰｼｮﾝFF（限定為替ﾍｯｼﾞ）	9.80
ｷｬﾋﾟﾀﾙ・ｴﾏｰｼﾞﾝｸﾞ・ｽﾄﾗﾃｼﾞｰFF（ﾄﾞﾙ売円買）	9.80
ｷｬﾋﾟﾀﾙ・ｸﾞﾛｰﾊﾞﾙ・ﾊｲｲﾝｶﾑ債券FF（ﾄﾞﾙ売円買）	9.80
ｷｬﾋﾟﾀﾙ世界株式ﾌｧﾝﾄﾞF	7.35
ｷｬﾋﾟﾀﾙ世界配当成長ﾌｧﾝﾄﾞF	4.90
ｷｬﾋﾟﾀﾙ・ﾜｰﾙﾄﾞ・ｸﾞﾛｰｽ・ｱﾝﾄﾞ・ｲﾝｶﾑFF	4.90
ｷｬﾋﾟﾀﾙ・ｲﾝｶﾑ・ﾋﾞﾙﾀﾞｰFF（ﾄﾞﾙ売円買）	4.90
ｷｬﾋﾟﾀﾙ・ｱﾒﾘｶﾝ・ﾊﾞﾗﾝｽFF（限定為替ﾍｯｼﾞ）	4.90
ｷｬﾋﾟﾀﾙ・G・ﾄｰﾀﾙ・ﾘﾀｰﾝ・ﾎﾞﾝﾄﾞFF（ﾄﾞﾙ売円買）	4.90
ｷｬﾋﾟﾀﾙ・G投資適格社債FF（ﾄﾞﾙ売円買）	4.90
ｷｬｯｼｭ	2.00
合計	100.00

増減推移

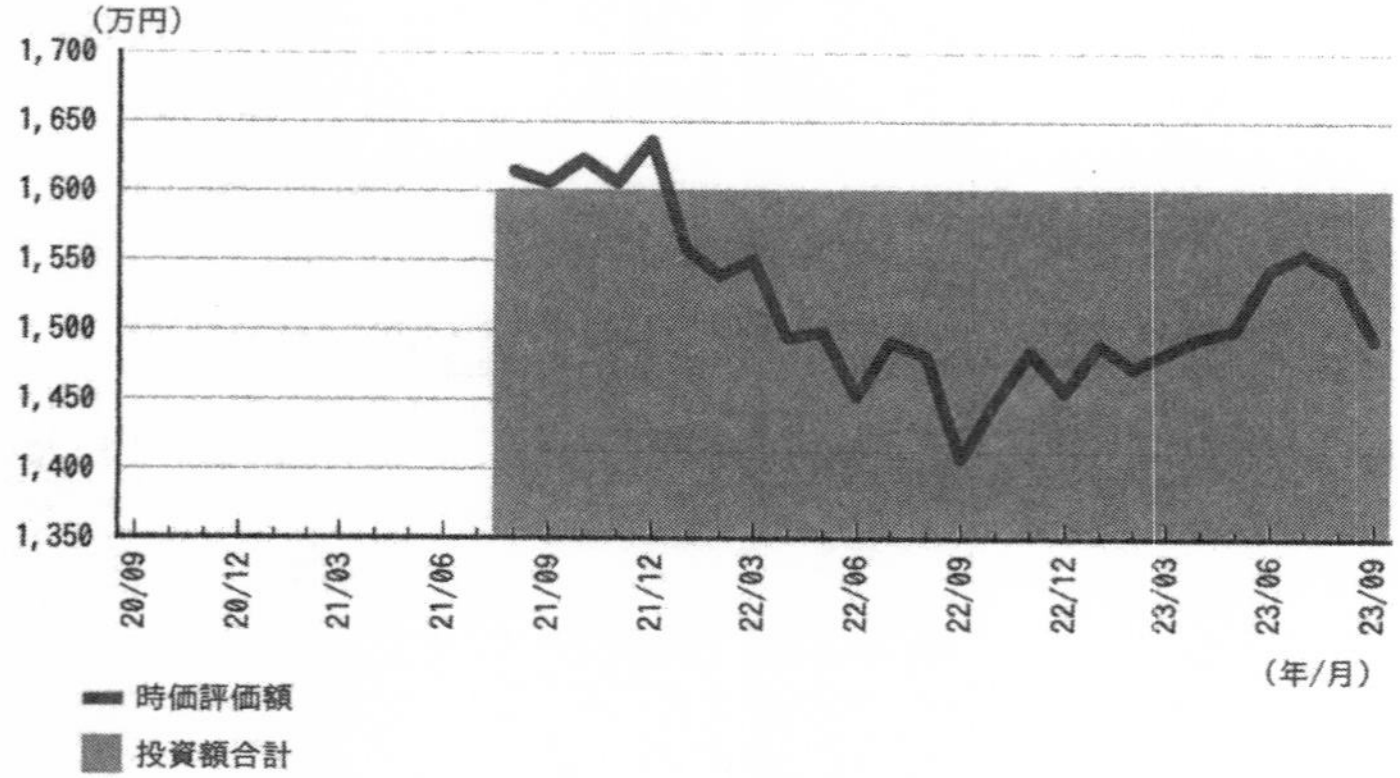

ップだったのです。

ファンドラップの罠にはまる

「濱島さん、なんか証券会社の罠にハマったような気がします」

「ファンドラップならぬファンドトラップ（罠）ですね（下手なダジャレですみません）」

「でも、証券会社の担当者からは『専門家が長期で分散投資するので、リスクを抑えて安定したリターンを目指せます』という説明だったのですよ。なんで損しているのかわかりません。2年も保有しているのに増えるどころか減るなんて」

Tさんのお話をうかがっていると、どうやらご主人にかなり罵倒されたようです。「日経平均が3万円を超えて米国株も調子いいのに、なんでお前の投資信託は損しているんだ」と問い詰められ、答えに窮《きゅう》して、人づてに私に相談にお見えになったようです。確かにご主人のおっしゃる通り、マーケット環境が良好なこの1年で利益が出ていないのは不思議です。私は詳細を分析しながら、話を続けます。

「効率よく収益が得られたかどうかを測る数値にシャープ・レシオというものがあります。金融庁のＨＰにも記載されていますが、この証券会社のファンドラップのシャープ・レシオは過去3年でみても過去5年で見ても平均以下となっています。また、投資されてからの2年間の相場環境を考えると、損失が出ているのは大変残念としか言えません。弊社のお客様だと、コスト控除後で年利5〜8%程度のリターンは出ています。タイミングにもよりますが、積極的にリスクを取って運用されたお客様だと10%を超える方もいらっしゃいます」

Tさんは本当に悔しそうな表情です。でも事実ですから仕方ありません。私は分析を続けます。

「私から見るとポートフォリオ構成に疑問を感じます。日本株式ファンドとか世界株式ファンドとか、このあたりはまだいいのです。ですが、グローバルアロケーションFやアメリカンバランスF、グローバルボンドFやトータルリターンボンドF、投資適格社債Fなど、バランス型や債券型の同じような商品にいくつも投資しています。さらに為替変動に対するリスクを回避するためにヘッジをかけている商品が複数あります。屋上屋を重ねるというか、私は賛同できません」

「でも濵島さん、ポートフォリオって、いろいろな商品があって『ここはダメでもこっちが儲かる』という仕組みですよね」

「そうです。日本株、先進国株、新興国株、不動産、金（ゴールド）、債券などのさまざまな資産に、できるだけコストのかからないシンプルな商品、もしくは一部コストがかかってもリターンが上がると思う商品に分散投資します。また、ポートフォリオの構築の際には時間分散も考慮します。残念ながら、投資されたタイミング（2021年7月）的にもあまりよくなかったので、一括投資のマイナス面が出てしまったのだと思います」

100年たっても儲からない？

Tさんが困惑を隠せない表情で訴えます。

「濵島さん、このファンドはどうしたらいいのでしょうか」

「解約することをお勧めします。Tさんが購入したファンドには為替ヘッジをかけている商品が多く、もしこの先さらに円安になったとしてもそのメリットが享受できません。もちろん、来年以降に円高になる可能性もありますので、その時は為替ヘッジが活きてきますが、ポートフォリオ内容からして大きな利益は見込めない可能性があります」

「先ほども申し上げたように、証券会社の担当者からは『長期で持っていればリターンが期待できます』と言われたのですが、100年たっても儲かりませんか」

「100年は大げさですね、さすがに100年あれば儲かるでしょう。でも直近やこの2、

3年でこの商品が物凄く回復するとは思えないのです。基本的には、「外国株式に為替ヘッジはかけない」のがセオリーだと思います。そこにヘッジしているのはやりすぎでしょう。結果として円高になったら、ヘッジをかけておいたほうがよかったねとはなりますけど、ちょっとかけすぎかなと思います。そもそも期待リターンが年率3・7パーセントなので、大きなリターンは期待できそうもありません」

「やっぱり解約ですかねぇ」

「ある程度、年数が経てば儲かるかもしれません。だけど、低コストで高品質の投資信託で運用した場合と比べて、その差はワニの口のように広がっていくと思われます。もちろんこの商品が下あごです。それならポートフォリオを構築し直したほうがはるかに上をいくでしょう」

「わかりました。これは解約します。で、濵島さん、わたしはどのように投資をしたらいいのでしょうか」

オーダーメイドだから話を聞く

ここから弊社のサービス内容とその費用について説明をさせていただいたあと、ヒアリングセッションへと進みます。具体的には①職業・年齢、②家族構成、③収入と支出の状況、④金融資産の状況、⑤保険や不動産の状況、⑥課題や悩み、⑦資産運用の目的、⑧将来の夢やビジョンなどをお聞きします。

Ｔさんの資産・負債（Ｂ／Ｓ）をまとめると、次ページの表のようになります。

「年金や配当としてためておいた保険や財形型貯蓄も資産なのですね」とＴさんもびっくりしています。家は都内のマンションで、すでにローンは完済とのこと。月々の生活費は定年を延長したご主人が入れてくれるとのことで、億万長者とはいえませんが、なかなかの資産です。ご主人が働き続ける限りにおいては、月々30万円の支出も賄えそうです。また60歳から支給されている保険の配当金や財形から年額３９０万円を受け取るので、当面お小遣いにも不自由しないでしょう。また63歳から公的年金の支給（特別支給の老齢厚生年金）も始まります。65歳には保険配当がなくなりますが、老齢年金月額14万円の支給が開始されます。65歳から69歳までの年間の収入は４０３万円となります。ただし70歳になると年金収入１７３万円だけとなり、すこし心もとないかもしれません。Ｔさんの収入・支出（Ｐ／Ｌ）状況も一覧表にしてお見せします。

これなら60歳から70歳までは資産を増やすことだけを考えたポートフォリオが可能です。もちろんどうするかはＴさんの判断に任せます。

Tさんの資産・負債状況

〈B/S〉

資産の部			負債の部		
科目	時価評価	備考	科目	金額	備考
【流動資産】			【負債】		
ゆうちょ銀行貯金	900				
みずほ銀行預金	2,700				
退職金	600				
ファンドラップ	1,500	2023/9末時価			
保険	800	配当金から逆算		0	
財形貯蓄年金	2,300	年金額から逆算			
【固定資産】			負債合計	0	
	0		純資産合計	8,800	
資産合計	8,800		負債・純資産合計	8,800	

現預合計
5,700万円

※単位：万円

Tさんの収入・支出状況

〈P/L〉

科目	手取		手取		手取		手取	
	月間	年間	月間	年間	月間	年間	月間	年間
	60歳〜62歳		63歳〜64歳		65歳〜69歳		70歳〜	
【収入】	33	390	41	487	34	403	14	173
保険配当	13	160	13	160	0	0	0	0
財形貯蓄年金	19	230	19	230	19	230	0	0
公的年金	0	0	8	97	14	173	14	173
【支出】	10	120	10	120	10	120	10	120
お小遣い	10	120	10	120	10	120	10	120
収支	23	270	31	367	24	283	4	53

※単位：万円

（ご参考）

特別支給の老齢厚生年金 は「繰下げ制度」はありません。受給開始年齢に達した際に速やかに請求する必要があります

郵便はがき

料金受取人払郵便

牛込局承認

9026

差出有効期間
2025年8月
19日まで
切手はいりません

162-8790

東京都新宿区矢来町114番地
神楽坂高橋ビル5F

株式会社ビジネス社

愛読者係 行

ご住所 〒

TEL:　(　)　FAX:　(　)

フリガナ お名前	年齢	性別 男・女

ご職業	メールアドレスまたはFAX メールまたはFAXによる新刊案内をご希望の方は、ご記入下さい。

お買い上げ日・書店名

年　月　日　市区町村　書店

ご購読ありがとうございました。今後の出版企画の参考に
致したいと存じますので、ぜひご意見をお聞かせください。

書籍名

お買い求めの動機
1　書店で見て　　2　新聞広告（紙名　　　　　　　　　　）
3　書評・新刊紹介（掲載紙名　　　　　　　　　　）
4　知人・同僚のすすめ　　5　上司、先生のすすめ　　6　その他

本書の装幀（カバー），デザインなどに関するご感想
1　洒落ていた　　2　めだっていた　　3　タイトルがよい
4　まあまあ　　5　よくない　　6　その他(　　　　　　　　　　)

本書の定価についてご意見をお聞かせください
1　高い　　2　安い　　3　手ごろ　　4　その他(　　　　　　　　　　)

本書についてご意見をお聞かせください

どんな出版をご希望ですか（著者、テーマなど）

さらに「現在、生命保険はどのようなものに加入していますか」とお聞きします。

「えっ、そんなことも聞かれるのですか」とTさんはまたもやびっくりです。

「はい、保険も大きな支出のひとつですから、どのようなものか拝見させていただいています。もしムダなものであれば掛け捨て型に変更したり、払い済み保険にして支出を抑えるのも資産構築に有効です」と申し上げると、第一生命の死亡・障がい・介護・医療・がん保険を組み合わせたタイプで、現在は月々８８０２円を支払っているとのこと。

「なるほど、この保険は66歳の更新時に保険料がアップします。弊社としては①死亡保険は不要、②障がい・介護・がん保険相当分を資産運用に回し、イベントに備えたほうが得策と考えます。医療保険のみを継続するくらいで良いと思います。今すぐでなくてもいいのですが、66歳になったらやめてください。国民共済や都民共済などのほうが安くなります」と伝えました。

Tさんは「そんなところまで見てくれるのですか」と再度びっくりしています。

私たちは一人一人に合わせたオーダーメイドの助言をする会社です。顧客の資産についてはすべて把握し、助言するのが当たり前だと思っています。「お客様の立場に立って」「お客様にとって有益な助言のみを行う」ことを旨としています。そして、お客様の資産を増やし、その資産を活かしてお客様の夢やビジョンを実現することがゴールです。

そこで、趣味や夢についてもお伺いします。するとTさんの趣味はレースドールという人形の製作と年数回の海外旅行だとおっしゃいました。レースドールの本場であるドイツのマイセンに行きたいけど、今まで仕事があって行けなかったとのこと。時間が存分に使えるこれからは趣味の時間に使いたいというご希望です。

こうやって文章にまとめると短いですが、通常、ヒアリングに1時間半くらい時間をいただいています。また紙面の都合でヒアリングとその分析を1度で話したように記載していますが、実際は2回3回と行ったものです。しかし手間暇を惜しんではいけないと肝に銘じています。お客様のニーズを聞き取り、その最終目標をかなえるのが私たちの仕事です。人によって資産状況が異なるように、お一人お一人の夢やビジョンは異なります。事例の形でTさんの資産運用がどうなっていくのか記述していますが、すべての人に当てはまるわけではありません。Tさんの年齢や置かれた状況を鑑みて、提案をしていきます。

この点をご理解いただき、実際に提案した投資戦略・アセットアロケーション／組入銘柄を終章に記載したのでご覧ください。

第1章

「投資信託」って買ったほうがいいんですか？

ようやく「貯蓄から投資へ」の時代が来た

「貯蓄から投資へ」。最近、よく耳にする言葉です。もともと金融庁が打ち出したスローガンで、2001年の小泉純一郎政権時代に出された骨太の方針に盛り込まれました。しかし笛吹けど踊らず。預金から株式や投資信託への資金シフトは、ほとんど生じないまま現在に至っています。

具体的な数字を挙げてみましょう。日本銀行が四半期に1度公表している「資金循環統計」では、家計部門における金融資産の金額を金融商品別に見ることができます。

2001年3月末の資金循環統計によると、金融資産残高は総額1394兆1409億円でした。金融資産の内訳は次のようになっています。

現金・預金……………751兆4288億円（53・90％）
債務証券……………48兆7977億円（3・45％）
株式・出資金…………112兆9309億円（8・10％）
投資信託……………33兆9227億円（2・43％）
保険・年金等…………377兆6240億円（27・09％）

その他…………69兆8286億円（5・01％）

では、これに対して直近はどうでしょうか。2023年6月の数字を見ると、家計部門の金融資産残高は総額2114兆8575億円でした。その内訳は、

現金・預金………1117兆4473億円（52・84％）
債務証券…………27兆5196円（1・30％）
株式・出資金……267兆6963億円（12・66％）
投資信託…………100兆2792億円（4・74％）
保険・年金等……537兆9359億円（25・44％）
その他……………63兆7726億円（3・02％）

となりました。

20年もの間、「貯蓄から投資へ」と事あるごとに言われながら、現金・預金の比率が50％超という状況に変化は見られません。

確かに、現金・預金の比率がほんの少し下がり、株式・出資金や投資信託の比率が少し上昇しました。それでも、これらの数字からは「貯蓄から投資へ」が進んだと思う人はほとんどいないでしょう。「停滞」という言葉がもっとも相応しいように思えます。

20年もかかって、この程度の変化しかないのであれば、これから10年後、あるいは20年

後も、ずっと現金・預金にお金が滞留し続けるのではないかとさえ思えてきます。

でも、これからきっと流れが変わっていきます。なぜなら、いやでも応でも投資しなければならない状況になってきたからです。

その状況は大きく2つあります。年金問題とインフレです。いずれも私たちの生活に大きな影響を及ぼすだけに、自分の資産をどうマネジメントするかは、とても重要です。

では年金問題とインフレが私たちの生活に、どのような影響を及ぼすのかについて考えてみましょう。

将来受け取れる年金が減ってしまう

人はなぜ資産形成・資産運用をするのでしょうか。

結婚、子供の教育、自宅の購入など、一生のうちにはさまざまなライフイベントがあります。いずれも、お金がかかることばかりです。そういうライフイベントに必要な資金作りという側面があります。

でも多くの人にとっては、最後に待っている最大のライフイベント、老後への備えではないでしょうか。日常の生活費に加えて子供の教育費を捻出し、住宅ローンを完済した後、夫婦の老後に必要なお金をどれだけ作れるかが、資産形成・資産運用のゴールです。

私たちは現役時代、高い社会保険料を支払い続けます。社会保険料には病気やケガをした時、誰でも医療を受けることができる「医療保険」、要介護状態の人を支えるための「介護保険」、そして老後の生活費の一部を補う「年金保険」の3つがあります。これら社会保険料を納めるのは国民の義務です。

社会保険のうち、私たちの老後の生活資金を支えてくれるのが年金保険です。自営業者であれば国民年金ですし、会社や役所などの組織に属して働いている人であれば厚生年金を受け取ることになります。

国民年金と厚生年金をあわせて「公的年金」と言います。皆さんは公的年金のお金の流れをどこまでご存じでしょうか。

よく聞くのは、「自分が払い込んだ保険料以上の年金を受け取れないと、損した気がする」という意見です。

これは誤解であり、公的年金の基本をご存じないのだと思います。日本の公的年金制度は、各人が自分のために老後の資金を積み立てているのではありません。「賦課方式」といって、現役世代の人たちが支払っている年金保険料は、現在の年金受給者の年金に充てられています。つまり自分が支払っている年金保険料を将来、自分が受け取るのではないのです。

時々、メディアを通じて「年金危機」がまことしやかに報じられることがあります。年金財政が完全に破綻して、年金が受け取れなくなると勘違いする人もいますが、これも間違いです。少なくとも5年ごとに財政検証を行っていますし、破綻しないよう随時検討されています。年金が破綻することはありませんので、この点については安心してもらっていいと思います。

ただ年金の不都合な点を申し上げるなら、年金財政の破綻は回避できても、年金の受給額が減額されることは、どうやら避けられそうもないのです。

前述の通り今の公的年金制度は、現役世代が支払った保険料がそのまま年金受給者の年金になっています。ということは現役世代の人口が減少する一方で、年金を受け取る高齢者世代の人口が増えると、キャッシュフローが悪化します。

出生中位・死亡中位の人口推計を見てみましょう。国立社会保障・人口問題研究所が試算したものです。このうち0歳から14歳までは、まだ働けない年齢なので計算から外します。そして年金を受給する高齢者を65歳以上とし、年金保険料を支払う現役世代については、15歳から64歳までの「生産年齢人口」を当てはめます。

2020年時点の15~64歳人口は7508万8000人で、65歳以上人口は3602万

出生中位・死亡中位の年齢別人口

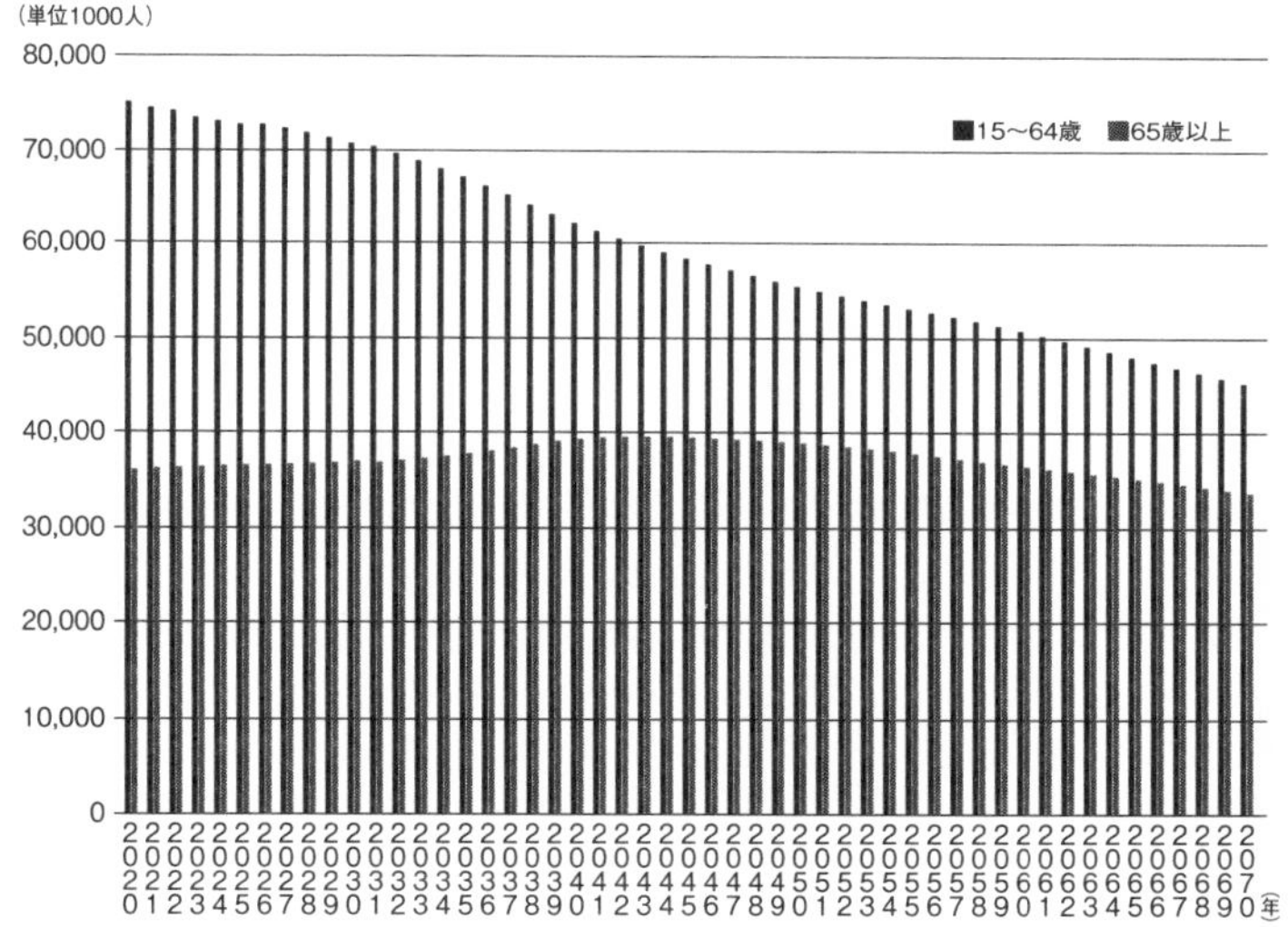

７０００人でした。

この生産年齢人口は今後、少子化の影響もあって徐々に低下していきます。まだ先の話ですが、65歳以上の高齢者人口がピークを付けるのが２０４３年のこと。この時の高齢者人口は３９５２万９０００人です。対して生産年齢人口は５９６９万１０００人ですから、２０２０年から見て20・５％も減少します。

結果、１・５人の現役世代が１人の高齢者の年金を支えることになるのです。

２０２０年時点では、２人の現役世代が１人の高齢者の年金を負担していますから、その厳しさを察してもらえると思います。

「２０４３年なんてまだ先の話」と申し

上げましたが、実はそう遠くない未来です。２０２４年現在からあと20年弱しかありません。まさに45歳の働き盛りの人たちが定年を迎える頃、このような状況になっているのです。

１・５人の現役世代が１人の高齢者を支える社会は、たとえ年金財政が破綻しなかったとしても、保険料負担や年金受給額には大きな変化が生じるはずです。簡単に言えば、現役世代の年金保険料負担は着実に重くなり、高齢者が受給する年金の額は減る可能性があるのです。

では、どうして年金は破綻しないのでしょうか。それは破綻しない仕組みになっているからです。つまり、賃金や物価の伸びに応じて年金額を調整するマクロ経済スライド方式があり、国民年金保険料のうち半分が税金によって賄われているからなのです。いよいよ年金財政が厳しくなったとしても、最終的には税金を引き上げることによって、公的年金を破綻させないようにできるのです。それでも年金保険料負担は重くなり、受給できる年金の額は減るでしょう。こうした負担を少しでも軽減させるために、資産運用が必要になってくるのです。

デフレからインフレへの大転換

資産運用が必要になる、もうひとつの要因はインフレです。

日本はかつて非常に高いインフレ率が継続した経験を持っています。生鮮食品およびエネルギーを除く総合消費者物価指数（コアコアＣＰＩ）の前年同月比を見ると、オイルショックに見舞われた１９７３年５月から75年９月までの２年半にわたり、２ケタの上昇率が続きました。74年10月に至っては、前年同月比23・９％もの上昇となったのです。

その後、物価は徐々に落ち着き、コアコアＣＰＩの前年同月比は１９８７年９月から88年10月まで１％を下回る状態が続き、89年５月から90年３月までは３％台の上昇率が続きました。

しかし、その後はバブル経済が崩壊し、不良債権問題で金融機関が相次いで破綻、不況とデフレが一気に押し寄せてきました。１９９９年10月から２００７年10月までの実に８年という長期にわたり、コアコアＣＰＩの前年同月比はマイナスを続けたのです。つまり「デフレ経済」です。

デフレ経済では、物価が継続的に下落します。

消費者物価指数（生鮮食品およびエネルギーを除く総合）の
前年同月比推移

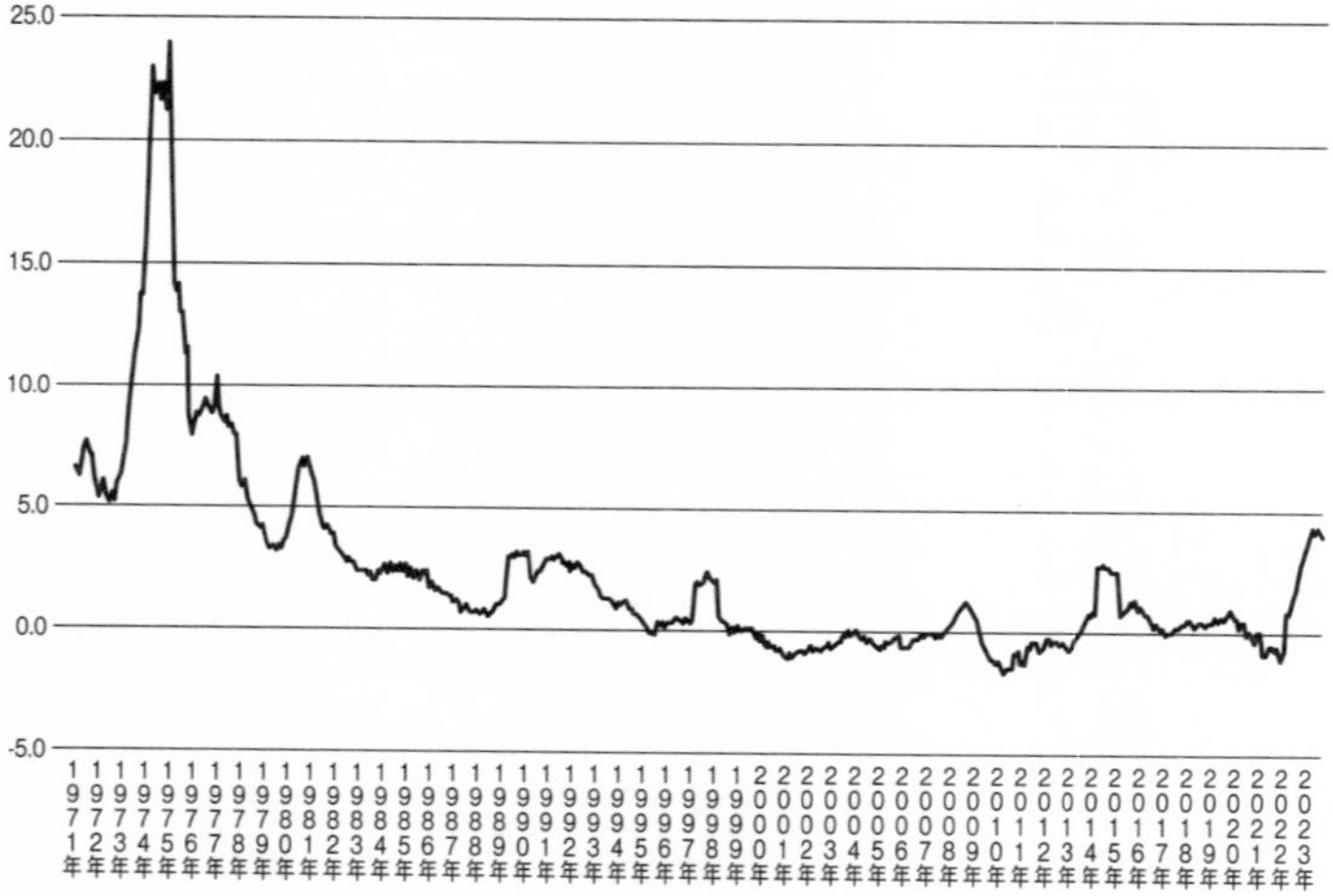

「物価が下がればモノが安く買えるから良い」と考える人もいると思います。確かに一消費者の立場で考えれば、物価は安いに越したことはありません。

しかし企業側から考えるとどうでしょうか。物価が下がることは、製品・サービスの値段も下がるということです。製品・サービスの価格を下げれば、企業は利益の幅が少なくなり、業績が落ち込みます。業績が悪化すると、従業員の賃金引き下げやリストラ、新規採用見送りが行われます。

これらはいずれも個人消費を悪化させます。すると企業は、さらに製品・サービス価格を値下げして、少しでも売れるようにします。ところが、ますます企業業績を悪化させることにつながるため、賃金引き下げやリストラ、採用見送りが行われ……という悪循環に陥ります。こうして悪循環のもとでデフレが進むことを「デフレスパイラル」と言います。

消費者物価指数の下落は前述した8年間で終わらず、さらに2009年5月から13年7月までの4年2カ月、再びコアコアCPIの前年同月比はマイナスに転じました。こうして都合12年以上にわたり、日本の物価は下落し続けたのです。

それがインフレに転じたのは、新型コロナウイルスの感染拡大が落ち着きを見せ始めた2022年10月前後からのことです。

政府・日銀は2013年以降、アベノミクスのもとで量的・質的金融緩和を行ってきました。その目的はデフレ経済からの脱却であり、消費者物価指数で2％の上昇率を目標値にしていました。その目標値に達したのが22年10月のことだったのです。

そこから急速に日本の物価は上昇し始め、2022年12月は前年同月比で3・0％、23年4月は4・1％まで上昇したのです。ちなみにこの原稿を書いている23年9月は、前年同月比4・2％の上昇です。

この物価上昇率が持続するようになったら、立派なインフレ経済です。

では2013年以降、量的・質的金融緩和を長期にわたって続けても、消費者物価指数が目標値に達しなかったのに、なぜ急激にスルスルと物価が上昇したのでしょうか。

理由は3つ考えられます。海外諸国の供給制約にともなう物価上昇圧力の高まりと、ロシアのウクライナ侵攻、そして円安です。

供給制約とは、人手不足や物流が停滞することによって供給が追い付かないことを指します。

新型コロナウイルスの感染拡大によって、世界的に物流が一時的に停止しました。ロックダウン（都市封鎖）とレイオフ（解雇）がその原因です。

加えて経済活動が正常化した後も、レイオフされた労働者が戻ってこない現象が生じました。これはコロナ禍による経済後退を少しでも抑えるため、各国政府が個人に多額の補助金を出した結果、当分の間、働かなくてもお金に困らない状況を生み出してしまったのです。そのため企業は雇用を確保するために賃金を大幅に引き上げ、物価の上昇につながりました。

それに追い打ちをかけたのが、2022年2月24日に勃発したロシアによるウクライナ侵攻です。この軍事行動に対して西側諸国は一斉に反発し、ロシアとの経済関係を断ち切りました。ロシアはそれに対抗するため、資源・エネルギーの輸出を制限、これによって資源・エネルギー価格が高騰し、世界的な物価上昇を加速させたのです。

これに加えて日本は、円安に直面しました。

２０２１年1月8日の米ドル／円は1米ドル１０２円59銭だったのに、最初は徐々に、やがて物凄い勢いで円安が進みました。２０２２年10月21日には1米ドル１５１円94銭を付け、そこから23年1月20日にかけて1米ドル１２７円23銭までいったん円高ドル安に戻ったものの、再び円安ドル高が進んでいます。

この1年10カ月の間に円は対米ドルで48％も下落しました。日本のように食糧や資源・エネルギーの多くを海外からの輸入に頼っている国にとって、急激な円安は国内物価の上昇につながります。

このような3つの条件が重なったことで、日本の物価水準は大きく上昇しました。では海外諸国の供給制約の高まりやロシアのウクライナ侵攻、そして円安があくまでも一時的な要因で、これらが改善されたら物価上昇は落ち着くのでしょうか。

確かに供給制約はいずれ解決するでしょうし、円安もいつ円高に転じるか誰にもわかりません。したがって、過度なインフレはどこかの段階で落ち着く可能性はあります。

しかし、そう簡単にインフレが落ち着くかはわかりません。たとえば、インフレになることによって人々が「インフレ脳」になる影響は見過ごせません。インフレ脳とは、物価が上昇することを前提に消費や投資に積極的になる思考や行動のことです。このさき物価が上がるのであれば必要なモノは早く買おう、預金や現金ではなくモノとか株式や不動産で資産を持とうとするのです。

また、先行きを考えると、負担が増えることは容易に想定されます。たとえば地政学リスクの高まりによる防衛費の増額、異次元の少子化対策、新型コロナに関連して投じられた巨額の対策費など、いずれも財源の問題がつきまといます。財源問題を解決するためには、皆さんの嫌いな増税が必要になります。現在、消費税は10%です。でも、これで打ち止めでしょうか。今後、15%、20%に引き上げるという議論も出てくるのではないでしょうか。

あるいは扶養控除などの各種控除を減らすとか、社会保険料を値上げするといった話も議論の俎上《そじょう》に上がっています。まさに増税インフレです。

そもそも政府・日銀は、安定的に消費者物価上昇率を2%程度にすることを目標としています。ある意味、日本経済を蝕んできたデフレ経済に別れを告げ、インフレ経済に転換したと考えていいのではないでしょうか。

インフレの影響を甘く見てはいけない

「失われた20年」などと呼ばれた日本経済の長期低迷は、デフレによって一段と深刻化したのは自明です。それだけにインフレに転じたことを素直に喜びたいところです。ですが、インフレはインフレで別の問題があります。

それは、「お金の価値が減ってしまう」ことです。

たとえば3％のインフレが続いたとすると、お金の価値はどう変化するでしょうか。今、100万円で買える高級ブランドバッグが毎年3％ずつ値上がりすると、10年後は約135万円になります。つまり、今の100万円の現金は、購買力という意味では約74万円前後の価値しかなくなります。

もし20年間、3％のインフレ率が続くと、今の100万円が持つ価値は54万円程度にまで減価してしまうのです。

このように数字を見ると「たった3％の物価上昇率なんて大したことではない」などと言えないことに気づくと思います。わずか2％、あるいは3％のインフレでも長期的に見れば、お金の価値を大きく毀損《きそん》させてしまうのです。

なぜ資産運用をするのかという問いに対するひとつの答えが、これです。資産運用の目的には、インフレリスクをヘッジすることもあるのです。

3％の物価上昇率によってお金が減価してしまうリスクを回避したいのであれば、年3

%の利回りで運用できる金融商品を保有すればいいのです。

では、どのような金融商品を選べば、年3%超のリターンが得られるでしょうか。

家計部門が保有している金融資産の中で、もっとも大きな比率を占める現金・預金はどうでしょうか。

たとえば三菱UFJ銀行の定期預金の利率を見てみましょう。2023年11月時点の利率は、預入金額300万円未満の預入期間別で見ると、1カ月〜4年までが年0・002%です。預入期間5年、6年の利率が年0・070%。7年〜9年が年0・100%、10年が年0・200%となっています。

以前は預入金額の多寡や期間にかかわらず、年0・002%が適用されていました。しかし日銀が長期金利の上昇を許容する姿勢を見せたことから、金利が上昇しました。それを受けて一部の大手銀行は、定期預金の利率を見直したのです。

それでも10年間預け入れて利率は、たったの年0・200%です。物価が年3〜4%ずつ上昇しているのに、この利率ではお金の価値を維持できません。

だから資産運用を考える必要があるのです。

もちろん、業績のとても良い企業に勤めていて、給料がどんどん上がっていく、定年まで倒産のリスクはない、といった環境にあるならば、資産運用を考える必要はないかもしれません。それよりも仕事で稼げるように、自分自身のスキルを磨いたほうが合理的かもしれません。また、インフレによるお金の価値が下がることを理解したうえで、何もしないという選択をするのも自由です。

しかし、そうでないのであれば、預金以外の金融商品にお金の置き場所を変える必要があります。その時に選ぶべき金融商品の最右翼が投資信託なのです。

新NISAで投資の非課税枠が拡大されたことの意味

2024年1月から新NISAがスタートしました。旧来の一般NISA、つみたてNISAに比べ、格段に使い勝手がよくなりました。

旧NISAの非課税保有限度額は一般NISAが600万円、つみたてNISAが800万円で、いずれかしか選択できませんでした。一般NISAで運用する人は、つみたてNISAを使うことができなかったのです。

新NISAでは、非課税保有限度額が1800万円に引き上げられました。成長投資枠とつみたて投資枠という2つの枠が設けられ、両者を合わせて1800万円までの非課税投資が可能になります。旧制度で言うと、成長投資枠が一般NISA、つみたて投資枠がつみたてＮＩＳＡの位置づけになります。いずれかひとつを選択するのではなく、両方を利用できるようになったのです。

また旧来のＮＩＳＡはあくまでも時限的措置でした。新ＮＩＳＡでは制度そのものが恒久化され、同時に非課税期間も無期限化されました。つまり、いつ始めても、いつまで投資し続けたとしても、そこから生じる運用収益に対する税金が免除されるのです。

なぜ新ＮＩＳＡではここまでの改正を行ったのか、その背景について考えてみたいと思います。

新ＮＩＳＡ制度はとてもよくできていると思います。旧ＮＩＳＡの時点から将来的に大きな制度改正が行われるとは言われていました。しかし、まさかここまで大きく制度が改善されるとは思ってもいなかったというのが正直な感想です。

また、ｉＤｅＣｏと企業型確定拠出年金も、加入条件の緩和や加入年齢の拡大といった制度改正が続いています。これら２つの制度も税制上の優遇措置があり、新ＮＩＳＡと併用することで相当な税制優遇を受けることが可能になります。

なぜ国はこのような大きな制度改正を行ったのでしょうか。少しでも税収が欲しいのに、なぜここまでの税制優遇策を講じたのでしょうか。背景には、やはり少子・超高齢化社会の到来があると考えています。さきほどの公的年金の話も思い出してください。「国民の老後の面倒を見るのも限界があります。制度は用意するので自助努力をしてくださいね」という国のメッセージだと、私は考えています。

また、最近あまり楽しくない話を聞きました。高齢者による犯罪が増えているというのです。

犯罪といっても、殺人や強盗、放火のような重犯罪ではなく、窃盗や万引きなどの軽犯罪です。法務省が公表している「犯罪白書」の２０２２年版によると、２０２１年に全国の刑務所に新たに入所した受刑者の13・８％が65歳以上であり、過去20年間で約４倍になったことが判明しています。

なぜ犯罪行為に及ぶのか。刑務所に入れば、お金がなくても食べていけることも理由のひとつと聞いてびっくりしました。何年か刑務所暮らしをすれば、その間に受け取れる年金に手を付けずにすむので、多少なりとも貯まります。そして出所したら貯まった年金で生活し、またお金がなくなったら万引きをして刑務所に行く。こんなことを繰り返す人もいるのだそうです。

金融広報中央委員会の家計の金融行動に関する世論調査（令和４年）によると、60歳代で金融資産を保有していない世帯は20・８％です。さらに単身世帯に限ると、金融資産を保有していない人は28・５％にも上ります。おひとりさま世帯は今後ますます増えていくでしょうから、厳しい老後を過ごすことになる人はますます増えるのかもしれません。

このような非常に厳しい老後を送らなければならなくなったのは、ひとえに現役時代に十分なお金の準備ができなかったからです。ただ、このような悲劇に直面する恐れは、案外誰にでもあると思うのです。だからこそ新ＮＩＳＡや確定拠出年金などの非課税制度を存分に活用して、老後のお金をしっかり作っておく必要があるのです。

昔のモデルは完全に通用しなくなったという事実

犯罪に関わってしまう人、ほとんど金融資産を持っていない人は、どうしてそうなるまで何もしなかったのでしょうか。おそらく戦後の高度成長期を支えてきた世代の幻影が、今も根強く残っているからかもしれません。

焼け跡世代や団塊の世代は、日本が高度経済成長に向かって突き進んだ時代です。給料が年々上がり続けるなかで結婚し、子供ができ、三種の神器といわれた白黒テレビ、洗濯機、冷蔵庫を手に入れ、一軒家を購入し、さらに新三種の神器といわれたカラーテレビ、エアコン、自動車も手に入れるという具合に、積極的に消費をしてきた世代です。

また仕事では、日本の高度経済成長を支え、かつ定年退職間際にはバブル経済によって日本経済が頂点に立った時を体験し、最高額の退職金を得て定年を迎えたことでしょう。

事業を興して大成功を収めなくても、社会人になってから経済的に大変な状況に直面することもなく、全力で走っているうちに定年を迎えて、あとは公的年金を受け取って悠々自適な生活を送ることができた世代は、ある意味「勝ち組」かもしれません。

ところが今の40代から50代は、そうはいきません。年功序列が当たり前の時代に会社員になったのに、いつの間にか人事制度が変わり、処遇が安泰ではなくなりました。退職金制度がなくなり、確定給付年金から確定拠出年金に変わった人もいると思います。世間では転職やフリーランスとして働くのも当たり前になり、会社や組織ではなく、個人としての実力が問われる時代になったのです。

世の中がすごいスピードで、大きく変わったのです。

お金の増やし方も変えなければなりません。昔は預貯金だけでも十分に資産を築くことができました。何しろ今に比べて、はるかに金利水準が高かったからです。そのうえ経済がどんどん成長していくなかで、株式や不動産などの資産価値もどんどん値上がりしていきました。

不動産価格の上昇については、身近なところで実感した人も多いのではないでしょうか。自分が住んでいる戸建て、マンションの値段がどんどん上昇していくことを経験した人は少なくないはずです。だから、「大人になったら自分の家を買って一人前だ」といった、根拠のない精神論が根強く残されているのです。

しかし、それはこれからも通用するでしょうか。日本の金利はなかなか上がらず、確かに現在、首都圏や特定の地域では不動産価格がどんどん値上がりしています。ただし、それは全国的な値上がりではありません。極めてまだらな状態です。家を買ったからといって、誰もが資産価値的にハッピーになれるとは限らないのです。

これから資産形成をする人たちは、こうした世の中の変化をしっかり理解しておく必要があります。

投資信託は資産形成、資産運用に最適な金融商品

なぜ資産形成、資産運用しなければならないのか。ここまで読んでくださった人は、もうご理解いただけたと思います。

問題は、その必要性は理解できたけれども「何に投資し、どのように運用すればいいのか」ということでしょう。預金、株式、債券、不動産、コモディティ（商品）、暗号資産など、投資先はたくさんあります。そのなかから自分に相応しい投資先を選ばなければな

りません。

といっても、答えはほぼ決まっています。投資するべき資産は株式、債券、不動産です。それ以外は長期の資産形成、資産運用には不向きです。

ただ、それ以外でもひとつだけ投資に値する資産があります。それは「金（ＧＯＬＤ）」です。

詳しくは後述しますが、金は株式の配当金や投資信託の分配金、債券の利金のようなキャッシュフローは一切生み出しません。それでも金は、世界中の人が価値を認めている資産です。戦争や経済恐慌、金融不安、インフレなどが生じた時、最後の最後に頼れる資産であると考えられていて、富裕層や世界各国の政府・中央銀行も蓄えています。

金以外のコモディティは単なるモノに過ぎません。原油や天然ガスなどのエネルギー、ゴムやアルミニウムなどの工業品、オレンジジュースや豚肉、トウモロコシなどの食糧品なども日々、売買されています。でも、どれも通貨の代替になるものではありません。この点、金は通貨として用いられていた時代もあるだけに、株式や債券など他の資産と組み合わせて保有するのに適しているのです。

また最近は、暗号資産も投資対象として注目されています。２０２４年はビットコインの半減期なので、大きく値上がりするという期待感もあるようです。しかし暗号資産は持っているだけで収益を生む資産ではありません。

1万円札を長期にわたってお財布に入れておいても、まったく増えないのと同じように暗号資産も、それ自体からインカムゲイン（収入）を生み出すことはないのです。

持っているだけでは収入を生まないので、儲けるためには売買して値ざやを稼ぐ必要があります。値動きを予想して短期的に売買して利益を狙うこと、これを投機といいます。

誤解ないように申し上げますが、投機が悪いと言っているわけではありません。その仕組みとリスクを理解して、自分の責任において行う分には問題ありません。投資と投機をまぜこぜにはせず、正しく認識してほしいと思います。

繰り返しになりますが、長期の資産形成・資産運用に向いている投資は株式、債券、不動産です。

そのうち株式と不動産は、経済学者トマ・ピケティが『21世紀の資本』のなかで、「r＞g」という不等式で証明したことがあります。rは資本から得られる収益率、gは所得の成長率（経済成長率）を示しています。つまり労働によって得られる富よりも、株式や不動産から得られる富のほうが大きいということです。

このことをピケティは、さまざまな国を対象にして18世紀くらいまでさかのぼって調査しました。

残念な真実ですが、株式や不動産を持っているかどうかによって、人生を通じて得られる富に大きな差が生じてくるのです。

ただ不動産に投資するといっても、事はそんなに簡単ではありません。投資用マンションを購入して家賃収入を得るにしても、結構大きなお金が必要になります。また良い物件を見極めるには、それなりの知識と経験が必要です。

同じことは株式投資にも当てはまります。個別株投資の場合、まず投資先の企業を見極める目が必要になります。事業内容を理解し、決算短信や財務諸表の分析も必要になるでしょう。さらに株価が割安なのか割高なのか、各種指標面の分析などを経て、投資判断をすることになります。投資先企業が将来的にも高い付加価値を生み出し続けるかどうか、今後も成長を維持できるのかどうかなど、専門的な知識と経験が必要になります。

そこで注目してほしいのが投資信託です。投資信託は、さまざまな資産を入れる箱のようなものです。この箱の中に株式や債券を入れると「株式投資信託」になり、オフィスビルや商業施設などの建物を組み入れると「不動産投資信託」になります。

しかも少額から購入できます。何といっても株式の銘柄選びなどは、すべてプロのファンドマネジャーが行ってくれます。

そのうえ冒頭でも申し上げた通り、今の投資信託はコストが安く、運用の透明性も高まり、国民的な金融商品になりました。株式や不動産などは個別の見極めが難しいものの、投資信託ならそこまで難しくはないでしょう。

アクティブ運用の投資信託になると、よい運用をしている投資信託を見極める必要はあります。ですが、ご心配なく。この本では後悔しない投資信託の選び方を解説するとともに、私が「これなら安心してお勧めできる」という投資信託を13本、ピックアップしました。購入する投資信託に迷った時は、本書を参考にしてみてください。

第2章

投資信託の基礎知識

投資信託はただの「箱」です

「投資信託ってどんな商品ですか?」と質問されることがあります。

たとえば預貯金なら、「銀行などが扱っている商品で元本保証。利率も確定で安定した収益が見込めます」とか、株式なら「株価が変動するので元本を割り込むリスクはあるけど、発行企業が成長すれば株価が値上がりして大きなリターンが期待できます」と一言で説明できます。ところが投資信託は「こういう商品です」と一言で説明しにくいところがあります。

私はいつも、このような質問に対して「投資信託はただの箱です」と答えています。

この箱には何でも入れることができます。たとえば、日本の株式や債券を入れることができますし、海外の株式や債券を入れることもできます。金や不動産といった実物資産も入れることができますし、株式と債券と不動産を一緒に入れることもできます。

また、個人では投資することができない特殊な商品や銘柄を入れることも可能ですので、とても利便性が高い箱なのです。

一例をご紹介しましょう。

日本の株式市場を代表する株価指数として、日経平均株価があります。日経平均株価は、東京証券取引所プライム市場の中から選ばれた225銘柄を元に算出されています。この225銘柄を個別ですべて買うのは大変な労力と多額の資金が必要です。ところが投資信託にこの225銘柄を入れてしまうと、最低100円から手軽に買うことができるようになります。そして日経平均株価が上がれば、この投資信託も同じように上がります。日経平均株価が下がれば、同じように下がってしまいます。

また、MRFという投資信託もあります。MRFは、安全性の高い公社債や短期金融商品が入っていて、元本の安全性がとても高い商品です。一方、現在のようにマイナス金利政策がとられている状況下では、2023年12月末時点で平均利回り0%～0・008%程度とほとんど金利がつかない状況です。

投資信託はそれ自体は単なる箱であり、どの程度のリターンが期待できてどれくらいのリスクがあるかは、箱の中に何が入っているか次第なのです。このことは、箱の中身次第で、あらゆる運用ニーズに応えることができるということです。

投資信託には次のようなメリットがあります。①少額から投資できる、②運用のプロフェッショナルに任せることができる、③分散投資ができる、④個人ではアクセスできない商品に投資できる、の4つです。

商品によっては100円から投資でき、信頼できると思ったファンドマネージャーに投資先をお任せすることもできます。また、先ほど例に挙げた日経平均株価に連動する投資信託であれば、日本を代表する225銘柄にひとつの投資信託で投資が可能になります。さらに、新興国のまったく知らない場所の不動産に投資することもできるのです。

投資信託は、これから資産形成・資産運用を始める初心者の方に最適です。十分経験を積んだ投資家にも大いに利用する価値があります。投資信託の基礎やチェックポイントをお伝えしていきますので、ぜひ活用していただきたいと思います。

この10年で商品性は格段に向上

少し触れた通り、私が証券会社に入社したばかりの頃、数ある商品の中で投資信託はもっとも売りたくない商品でした。

当時販売していたメインの投資信託は、当初の募集期間しか買えず、償還期限も決まっていました。定時定形型といって、同じ内容の投資信託を毎月販売したのです。購入から一定期間は解約することもできない期間（クローズ期間）もありました。営業員は「いかに手数料を稼ぐか。そのためにいかに短期でお客様に儲けてもらうか」に腐心していましたし、お客様も多くの方が短期の利益を求めていました。営業員からみても投資家からみても、クローズ期間は資金が固定されてしまう不便極まりない商品だったのです。

さらに当時は、証券会社の自己売買部門が場中に買った株式をお客様にセールスするのが当たり前でした。たとえば、あらかじめ新日鉄（現・日本製鉄）を100万株買っておき、それをAさんに1万株、Bさんには10万株といったようにお客様にセールスしたのです。ただ、すべてさばけない時があります。そんな時は売れ残った株を投資信託に付け替えたのです。陰では投資信託のことを「ゴミ箱」と揶揄《やゆ》する声も聞かれていました。

また、投資信託は「乗り換え営業」という、証券会社の営業姿勢が常に問われ続けていました。乗り換え営業というのは、クローズ期間が明けた瞬間に、あるいはオープン型といってクローズ期間がない投資信託の場合は購入から一定期間（たとえば6カ月間）を過ぎた途端に、解約を勧めて次の投資信託を買わせる営業行為のことです。

なぜ乗り換え営業が横行するのか、要は手数料稼ぎです（株式手数料が自由化された以降）。投資信託の販売手数料をはじめとする収益が証券会社にとって極めて魅力的でした。販売手数料は、購入金額に対して2％が普通でしたが、なかには5％も取るような、手数料のとても高い投資信託もありました。

さらに投資信託には、信託報酬という費用が発生します。これは、投資信託を運用する投資信託会社、投資信託を販売する金融機関、資産を管理している受託銀行が受け取るフィーです。このうち証券会社などの販売金融機関が受け取る部分は「代行手数料」と呼ばれ、受益者（ファンドの保有者）への分配金・償還金の支払いや運用報告書の交付などの対価とされています。その料率は投資信託会社が受け取る料率とほぼ同じ、たとえば信託報酬が年間2％だとしたら、このうち0・1％が受託銀行、1・9％を投資信託会社と販売金融機関で分けていました。

仮に、ある投資信託を100億円販売したとします。販売手数料で2億円入り、代行手数料の料率が年間0・95％だとすると、さらに年間9500万円の手数料が受け取れる計算になります。

この投資信託を2年間保有してもらうと、合計で3億9000万円の手数料が入ります。もし2年間保有し続けるのではなく、1年後に乗り換えたとすると、販売手数料が別途2億円入ります。ですから、投資信託の乗り換えは販売金融機関にとって効率よく手数料が稼げる商売なのです。

また、今から30年ほど前の投資信託会社は、すべてといってもいいくらい証券会社の出資を受けた子会社でしたから、親会社の言いなりになっていました。特に新規設定される投資信託は、その時々でもっとも売れそうな商品性を持った投資信託ばかりが設定されるのです。

その最たる例が「テーマ型投資信託」でしょう。たとえばITバブルのピークの時には「IT関連ファンド」が多数設定されました。地球環境に対する関心の高い時には「エコ・ファンド」が大量に設定されたのです。要は世の中の話題に乗じてたくさんお金を集めて、販売金融機関は多額の手数料を得て、運用開始から半年が経過したらお客様に解約を促して、その時点で話題になっている投資信託に乗り換えさせたりしていたのです。

こんなことを繰り返しているうちに、投資信託はどんどんお客様からの信頼を失っていきました。

その傾向が変わったのは、既存の金融機関の子会社という形態をとらない独立系の投資信託会社が誕生したことが大きいのです。さわかみ投信やコモンズ投信、セゾン投信、レオス・キャピタルワークスなどが自社運用ファンドを直接、個人に販売するようになり、販売金融機関の販売戦略の影響を排除しました。直接販売という形態です。

加えて近年では、個人投資家がネットで情報収集を活発化させたこともあり、インデックスファンド（市場全体の代表的な指数に連動した投資信託）の人気に火がつき、会社間のコスト競争が加速しました。

従来、インデックスファンドといっても信託報酬率は年1％程度ありました。それが現在では三菱UFJアセットマネジメントの「eMAXIS Slim全世界株式（オール・カントリー）」のように、年0・05775％という極めて低廉な料率を実現しているファンドも出てきています。これに追随する動きも広がってきています。

さらに新NISA口座で購入できる投資信託が限定されていることも、今後さらに投資信託の商品性改善につながっていくものと思われます。

金融庁が睨《にら》みを利かせて、販売金融機関による投資信託の短期間の乗り換え営業も減ってきました。投資信託の商品性は、20年前、30年前に比べて格段に良くなってきたのです。ここまでくれば、個人が安心して投資信託を活用できるはずです。

投資信託のリターンは基準価額の騰落率で表示

預貯金は金利、債券は利率（クーポンレート）や利回りというように、それぞれ収益率を表す数字があります。

では投資信託は何なのでしょうか。

先述のMRFは、投資信託のなかでは預貯金に近い商品です。収益率には「実績分配率（過去7日間の分配金平均を年率計算したもの）」が用いられます。実績分配率は確定利率ではありませんが、市場の短期金利に連動していますので、変動は比較的ゆるやかです。

ＭＲＦ以外の投資信託は、基準価額の騰落率で運用実績が示されます。

基準価額とは、投資信託に組み入れられている株式や債券などの時価総額である「純資産総額」を受益権口数で割って求められる1口あたり値段のことです。

後述するＥＴＦやＪ-ＲＥＩＴなど上場されている投資信託の場合、基準価額とは別に取引所で売買される取引所価格があり、通常は取引所価格で売買します。

一般の投資信託は未上場なので取引所価格という概念はなく、購入や解約をする際の価格は「基準価額」になります。

基準価額は、組入資産が値上がりすれば上昇し、値下がりすれば下落します。この基準価額の上昇、下落が一定期間で何％になったのかを示すのが「騰落率」です。

たとえば２０２０年11月末の基準価額が1万２０００円で、２０２３年11月末に1万８０００円だとしましょう。基準価額は3年間で６０００円値上がりしていますので２０２０年11月の基準価額からの値上がり率を計算すると50％になります。この場合、「２０２３年11月末時点の過去3年間騰落率は50％」と表示されます。

注意しなければならないのは、騰落率が年率表示ではないことです。この事例の3年間で50％の騰落率というのは、年間50％の上昇率が3年間続いたわけでもなく、3年間の平均騰落率が50％という意味でもありません。あくまでもこの3年間で、基準価額が50％上昇したことを意味しているだけなのです。ちなみに、このケースの年平均利回りは50％÷3＝約16・6％となります。

さて基準価額には、ひとつ注意点があります。

時々、セミナーなどで受ける質問に「基準価額が高い投資信託ではなく、低い投資信託を買おうと思うのですが」というのがあります。

おそらく株価などと混同しているのだと思います。株価の場合、バリュエーションという概念があって、利益や純資産に対して今の株価が割高なのか、それとも割安なのかを判断することが可能です。しかし、投資信託の基準価額は組入資産の時価総額をベースにして算出されているだけなので、基準価額が2万円の投資信託と比べて1万円の投資信託が割安ということはありません。

また基準価額が1万円の投資信託にくらべて、2万円の投資信託が割高ということもありません。誤解している人もいらっしゃるので、この点は理解しておいてください。

普通分配金と元本払戻金（特別分配金）

もうひとつ投資信託の収益に関して理解しておいていただきたいのが「分配金」です。「分配金って預金の利息みたいなものでしょう」とおっしゃる人がいます。でも預金の利息と投資信託の分配金は、決定的に違う点があります。

預金の利息は、預け入れた元本に対して提示されている利率に基づいて支払われます。元本100万円で利率が2％だとしたら、利息は税金を考慮しなければ2万円です。利払いが行われた後でも元本100万円で変わりません。

これに対して投資信託の分配金は、これまでの運用によって積み上げられてきた収益を反映している基準価額の一部を取り崩して支払われるものです。

1口あたりの基準価額が1万2000円になった時点で決算を迎え、その時に1口あたり2000円の分配金が支払われたとします。すると分配金が支払われた後の1口あたり基準価額は、1万2000円から1万円に値下がりします。これを「分配落ち後基準価額」といいます。

問題は、投資信託を購入した時の基準価額は個々人によって違うことです。

Aさんのケースと Bさんのケース

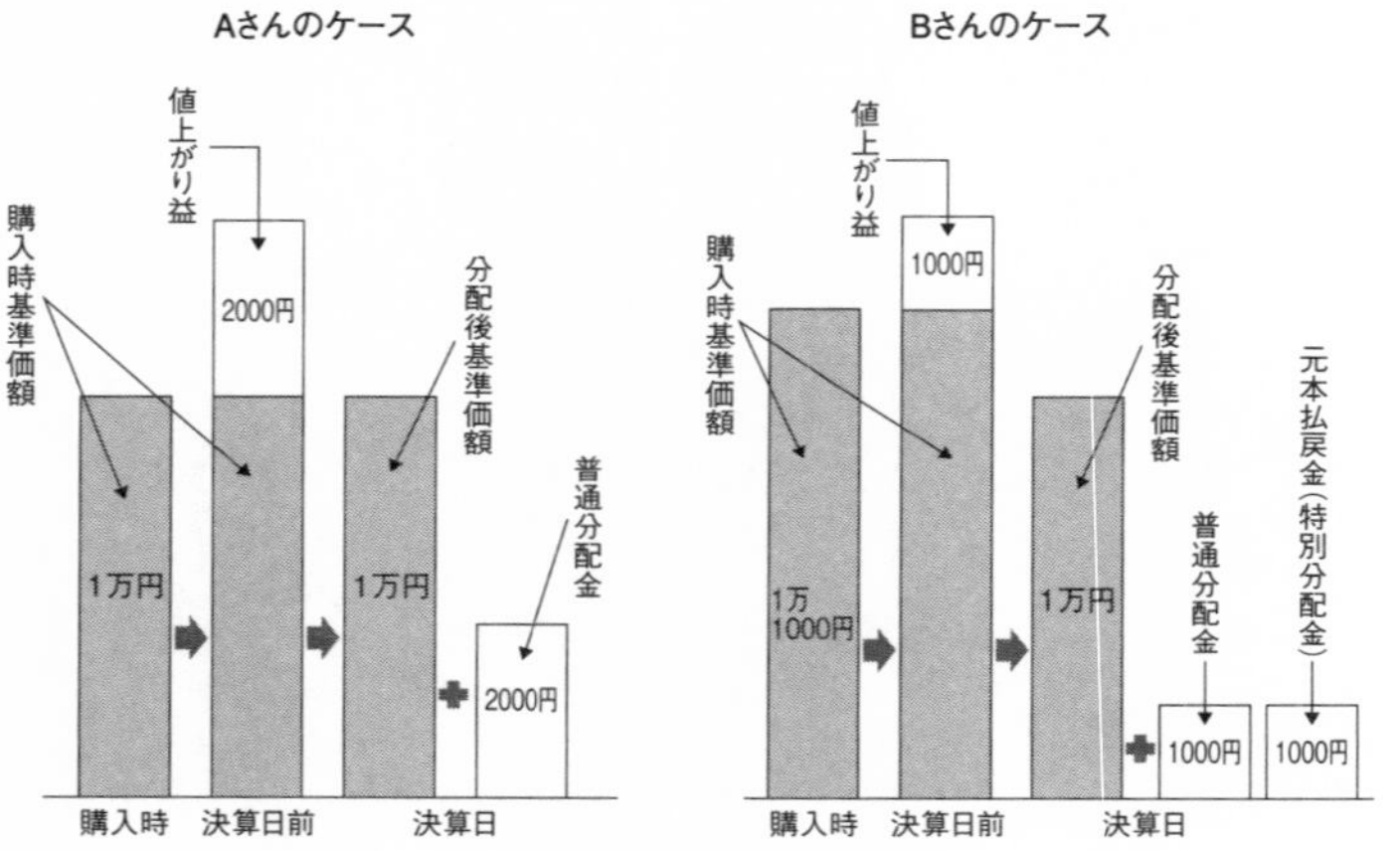

たとえばAさんはこの投資信託を１万円の基準価額で購入しました。それが１万２０００円になった時点で２０００円の分配金が出たとすると、この２０００円は値上がり益分が分配金として支払われたことになります。この時、２０００円は「普通分配金」として支払われ、その20・３１５％が税金として源泉徴収されます。

一方、Bさんは同じ投資信託を１万１０００円の基準価額で購入しました。それが１万２０００円まで値上がりした時点で２０００円が分配金として支払われた場合は、Aさんとは少し違った扱いになります。購入時の基準価額が１万１０００円なので、Bさんが受け取った２０００円の分配金のうち、値上がり益分は１０００円しかありません。この１

000円は「普通分配金」として20・315%が課税されます。残りの1000円はどうなるのかというと、実はBさんにとっては元本の払い戻しになります。これは「元本払戻金（特別分配金）」といって課税対象外となります。そして分配金が支払われた後のBさんの元本は1万円になります。せっかく投資したのに、1000円分は元本が戻ってきてしまったのです。

投資信託のなかには高額な分配金をあえて支払ったり、あるいは毎月分配金を支払ったりするタイプがあります。しかし表面上の分配金の多さに騙されないようにしなければなりません。元本払戻金（特別分配金）を含めて高額分配になっているとしたら、それは運用成績が良くてたくさんの分配金が支払われているのではなく、単に元本が取り崩されているだけに過ぎない可能性があるのです。高額分配を続けている投資信託は、このようなカラクリになっている場合があります。その場合は基準価額が上がらない、むしろ下がっていくので資産形成には不向きです。

コストは「総経費率」をチェックする

投資信託のコストは、前述したように「購入時手数料（金融機関側からすると販売手数料）」

と「信託報酬」の2つが主なものです。これらは投資信託を購入する際に必ず目を通す「投資信託説明書（交付目論見書）」に詳細が記載されています。

まず購入時手数料については、販売金融機関によって料率が異なることに注意してください。証券会社や銀行が店頭で対面販売している投資信託は、購入時手数料がかかります。ですがネット証券や店舗型証券会社でもインターネットのみで売買注文を受け付けている投資信託は、購入時手数料はかからないケースが大半です。

購入時手数料を侮ってはいけません。100万円購入するとして、購入時手数料が2%の場合だと手数料は2万円です。1年間で5%値上がりしたとしても、手数料控除後の利益は3万円になってしまいます（消費税や譲渡益税等は考慮していません）。ぜひ購入時手数料に敏感になってください。

次に、信託報酬は投資信託の信託財産から日々、引き落とされていくコストです。購入時手数料は購入時にかかりますので意識しやすいコストです。しかし信託報酬は信託財産、つまり皆さんが購入した投資信託に組み入れられている財産から日々徴収されていくものなので、差し引かれていくことを意識しにくいコストです。

購入時手数料以外でかかるコストは信託報酬が主なものですが、それだけではコストを正しく把握することはできません。「総経費率」を確認することが大切です。総経費率とは、信託報酬以外のコストも含めた考え方です。

信託報酬以外にかかるコストとしては、次のようなものがあります。投資信託の決算時に会計事務所に監査してもらう監査費用、組み入れ銘柄の売買にともなう手数料、信託財産にかかる税金、外貨建て資産を組み入れている投資信託の場合は外貨建て資産の保管費用などです。

この手のコストは、定率ではなく定額でかかるものもあります。その場合、純資産総額が小さい投資信託だと定額のコストが重くのしかかってきます。結果、信託報酬率が年1%程度しかかからないのに、総経費率が10%以上にもなっている投資信託もあるくらいです。

総経費率は2023年12月現在、基本的には投資信託説明書（交付目論見書）には記載がありません。決算を終えた時点で発行される交付運用報告書に記載されますので、チェックするようにしてください。なお、2024年4月からは投資信託説明書（交付目論見書）に総経費率が記載される予定です。必ず確認するようにしましょう。

インデックス型（インデックスファンド）とアクティブ型（アクティブファンド）

投資信託の運用方針についても簡単に触れておきましょう。運用方針の違いによって、投資信託の選び方も変わってきます。

投資信託の運用方針は、インデックス型（インデックスファンド）とアクティブ型（アクティブファンド）に大別できます。

インデックス型とは、日経平均株価や東証株価指数など特定の指数（インデックス）に対して運用成績を連動させるようにポートフォリオを構築している投資信託のことです。日経平均株価に連動するインデックスファンドであれば、日経平均株価が10％値上がりすると、投資信託の基準価額もおおむね10％値上がりします。

インデックス型で留意しておくべきことは、特定の指数に対して運用成績を連動させることを「目標に」していることです。あくまで目標ですので、投資信託によって連動率に差が出ることがあります。その要因は、主に信託報酬や純資産総額、売買のタイミングなどです。インデックスファンドを選ぶ時は、投資信託会社のＨＰなどで連動率も確認するようにしましょう。

投資信託には2つの運用法がある

インデックス型 日本や海外の特定の指数に連動		アクティブ型 プロが独自の目利きで投資銘柄を選ぶ
市場平均並み	運用成果	市場平均を上回る成果をめざす 実際に上回るかは不確実
5.3兆円	運用資産総額 2013年末	51.7兆円
5.4倍 28.4兆円	2023年10月末	1.4倍 69.9兆円
0.57%	手数料率平均 購入時	2.14%
年0.37%	保有時	年1.12%
7140億円	現つみたてNISAでの購入額 23年上期	427億円

データは投資信託協会、金融庁の資料から

次にアクティブ型です。これは参考としている指数をベンチマークとして、それを上回るリターンを目指してポートフォリオを構築する投資信託です。

ベンチマークとは、本来は測量において利用する水準点を示す語で、転じて金融業界や資産運用の世界で比較のために用いる指標を意味するようになりました。日本株に投資するアクティブファンドであれば東証株価指数をベンチマークに、米国株に投資するアクティブファンドであればＳ＆Ｐ５００をベンチマークに設定しているケースが多いです。

アクティブファンドは玉石混交《ぎょくせきこんこう》です。ベンチマークを上回る運用成績を長期間維持している投資信託もあれば、残念ながらベンチマークとほとんど変わらない、もしくはそれを下回る運用成績しか残せていない投資信託もあります。

ベンチマークを上回るリターンを実現するために、アクティブファンドを運用するファンドマネジャーやアナリストは企業訪問を行っています。経営者や財務担当者へのインタビューや工場の視察を通じて、財務諸表だけではわからない価値を見極めています。つまり、投資先企業を選別する能力の高さが求められるのです。

このためアクティブファンドは、「ファンドマネジャーの考え方」が色濃く反映されます。言い換えれば「投資哲学」です。「この投資信託は、こういう方針に基づいて銘柄を選んで投資しています」と明示され、その方針に基づいて運用してきた結果が過去の運用実績にも表れます。

総じてアクティブファンドは、信託報酬率が高めになります。インデックスファンドは企業訪問を行わないのに対し、アクティブファンドは企業訪問のための経費やアナリストの人件費などを賄う必要があるためコストが割高になるのです。

もっとも、このコストを補って余りあるだけの高いリターンが実現しているのであれば何も文句はないでしょう。アクティブファンドは、いかにベンチマークを超える運用成績を維持できるかが極めて重要になってくるのです。

投資信託の「信託期間」とは

定期預金には「満期」、債券には「償還」といって、お金が戻ってくる期限が設けられています。

投資信託のなかにも「信託期間」といって、あらかじめ運用期間が限られているものがあります。この信託期間が満了した時点で組入資産を全部売却し、運用収益とともに投資信託の購入者である受益者に資金を返還します。

一般的に「追加型」といって、運用が開始された後も自由に追加購入・解約できるタイプの投資信託であれば、10年以上の信託期間が設定されています。そして信託期間の定められた投資信託であっても、信託期間中の好きなタイミングで解約できます。中途解約した場合にペナルティが科せられる投資信託は、さほど多くはありません（なかには信託財産留保額という、解約時にコストがかかる場合もあります）。

また追加型投資信託には、信託期間を無期限にしているものもあります。この場合、理屈のうえでは30年でも40年でも運用できます。

ただし、信託期間が決められているか無期限であるかにかかわらず、途中で償還されるケースがあります。これを「繰上償還」と言います。

繰上償還が行われる時は、事前に受益者に対して繰上償還に応じるかどうかの賛否が問われます。

投資信託が繰上償還される場合、全受益者に対して「議決権行使書面」という書類が送られてきます。もし繰上償還に反対であれば、議決権行使書面を投資信託会社に郵送します。反対だけれども書面を郵送し忘れてしまった場合は、繰上償還に賛成であるとみなされます。繰上償還に賛成の票が全受益者の半数以上、かつ受益者が持っている議決権の3分の2以上が賛成票を投じた場合は、繰上償還が確定します。

繰上償還が確定すると、泣いても笑っても運用は中止され、投資したお金が返ってきます。お金が返ってきてしまうと、資産運用の計画そのものが狂ってしまいます。繰上償還については第4章でもお伝えしているので、あわせてご確認ください。

実は破綻リスクに強い投資信託

銀行が破綻した時、預けてあるお金がどうなるのかご存じでしょうか。

基本的に国内銀行は皆、預金保険機構に加入しています。預金保険機構とは、加入銀行が経営破綻した時、預金者の預金などを保護するための保険制度です。「預金保険」なので対象は預金を扱っている銀行だけで、保険会社や証券会社は対象外です。

対象となる金融機関は、日本国内に本店がある銀行、信用金庫、信用組合、労働金庫、信金中央金庫、全国信用協同組合連合会、労働金庫連合会、商工組合中央金庫です。ただし、これらの金融機関の海外支店に預けてある預金は対象外で、外国銀行の在日支店の預金も対象外になります。

とはいえ国内に本店を置く金融機関の大半は、預金保険の保護が受けられると考えて差し支えないでしょう。

ただ預金保険によって保護される預金には、対象範囲が設けられています。当座預金や無利息型普通預金のような、利息が付かない決済性預金は全額が保護されます。一方、外貨預金は対象外です。また、普通預金や定期預金、貯蓄預金などは、合算したうえで預金者1人につき元本1000万円までが保護の対象です。したがって1000万円を大きく超える金額を預けてある銀行が経営破綻してしまうと、上限を超えた部分について保護されないことも考えられます。

では投資信託の場合、販売金融機関である証券会社や銀行が経営破綻した場合、どうなるのでしょうか。投資信託は預金ではないので、当然のことながら預金保険による保護は受けられません。

ところが実は投資信託こそ、取扱金融機関の破綻リスクにとても強い金融商品なのです。

投資信託は、①投資信託を設定・運用の指図を出す投資信託会社、②その指図を受けて信託財産の売買を実行し、組入資産やお金を管理する受託銀行、③投資信託の販売や解約金、償還金、分配金の受け渡しの窓口業務を行う販売金融機関の三者によって成り立っています。

仮に販売金融機関が破綻したとしましょう。前述したように、販売金融機関の役割は、投資信託の販売や解約金、償還金、分配金の受け渡しを行う窓口業務です。投資信託に組み入れられている資産はすべて受託銀行によって管理されているので、投資信託が毀損することはありません。

とはいえ販売金融機関が破綻してしまったら窓口業務が機能しなくなるので、それはそれで困ることになります。そこで破綻した金融機関の顧客口座を引き受ける他の金融機関が現れれば口座が移管され、これまでと同様に保有し続けられることになります。

では受託銀行が破綻したら、どうなるでしょうか。投資信託の組入資産は、受託銀行自身の資産と分けて管理する「分別管理」という仕組みが用いられているので、投資信託の組入資産が差し押さえられる心配はありません。この場合も他の受託銀行に受託業務を移管させれば、これまでと同様に運用が継続されます。

最後に投資信託会社が破綻した場合の処理です。これは多少、受益者に影響が及ぶかもしれません。なぜなら運用の継続が困難になるからです。

このケースに関しても他の投資信託会社が運用を引き継ぐことも考えられます。しかし基本的に投資信託会社は現在、投資信託の本数を絞る方向にあるだけに難しいと考えられます。そうなると先述の繰上償還が行われる可能性がもっとも高いと考えられます。

繰上償還される場合は、繰上償還の実施日における基準価額で計算された償還金が受益者に支払われます。受益者の中には、繰上償還実施日における基準価額が、購入した時の基準価額よりも値下がりしているケースもあるでしょう。そのような場合は、損失が確定してしまいます。

とはいえ販売金融機関、受託銀行、投資信託会社のいずれが経営破綻したとしても、投資信託そのものは守られる仕組みがつくられています。この点において投資信託は預金よりも破綻リスクに強いと言えるでしょう。

投資信託の情報開示資料に目を通そう

投資信託には、目論見書をはじめとしてさまざまな情報開示資料が用意されています。目論見書は、金融商品取引法に基づいて投資信託を購入する人への交付が義務づけられている法定開示資料です。

投資信託の目論見書には投資信託説明書（交付目論見書）と請求目論見書の2つがあり、投資信託説明書（交付目論見書）は販売金融機関が投資信託を販売する時に、購入者に対して必ず交付しなければなりません。

一方、請求目論見書は、購入者からの請求があった場合に交付する目論見書です。

両者の大きな違いは記載内容です。基本的に投資信託説明書（交付目論見書）は、「ファンドの目的・特色」の項目に基本的な運用方針や投資対象が、「投資リスク」の項目に基準価額の変動要因やその他の留意点がわかりやすく記載されています。また新規設定ファンド以外では、過去の運用成績も記載されています。

これに対して請求目論見書の内容はかなり詳細です。投資信託説明書（交付目論見書）はグラフや表なども多用されているのに対して、請求目論見書にはほとんど図版はなく、

農林中金〈パートナーズ〉長期厳選投資おおぶねの目論見書より

1 ファンドの目的・特色

ファンドの目的

この投資信託は、投資信託財産の中長期的な成長を目指して運用を行います。

ファンドの特色

❶ 圧倒的な競争力を有する企業への長期厳選投資により投資信託財産の中長期的成長を目指すアクティブファンドです。

❷ 米国の上場株式を主要投資対象とします。

❸ 徹底した深い海外企業調査を通じて、①付加価値の高い産業、②圧倒的な競争優位性、③長期的な潮流の3つの基準を満たす「構造的に強靭な企業®」に長期厳選投資を行います。

❹ 組入外貨建資産については、原則として為替変動リスクを回避するための為替ヘッジは行いません。

❺ 農林中金バリューインベストメンツ（NVIC）より投資助言を受け、ポートフォリオを構築します。

投資対象や運用方針が明記されています。米国株式に投資することに加え、為替ヘッジはせずに運用されることがわかります。

2 投資リスク

基準価額の変動要因

■当ファンドは、マザーファンドへの投資を通じて実質的に株式など値動きのある証券（外貨建証券は為替変動リスクもあります。）を投資対象としているため、基準価額は変動します。
したがって、投資者（受益者）の皆様の投資元金は保証されているものではなく、基準価額の下落により、損失を被り、投資元金を割り込むことがあります。
■ファンドの運用による損益は、すべて投資者（受益者）の皆様に帰属します。
■投資信託は、預貯金と異なります。
■主な変動要因は以下の通りです。

投資元金を割り込むリスクがあることが明記されている。

株価変動リスク

一般に、株式は国内外の景気、政治、経済、社会情勢等の影響を受け、また、個別企業の業績や株式市場全体の動向を反映して価格が大きく変動します。
ファンドに組入れている株式の価格が下落（上昇）した場合には、ファンドの基準価額が下落（上昇）する要因となります。

為替変動リスク

一般に、外貨建資産は当該通貨の円に対する外国為替相場の変動（円高・円安）の影響を受けます。このため外国為替相場が外貨建資産の当該通貨に対して円高（円安）となった場合には、ファンドの基準価額が下落（上昇）する要因となります。

※基準価額の変動要因は、上記に限定されるものではありません。

投資元金を割り込む要因として、おもに株価と為替の変動による影響があることが明記されている。

3 運用実績

2023年7月末現在

基準価額・純資産の推移

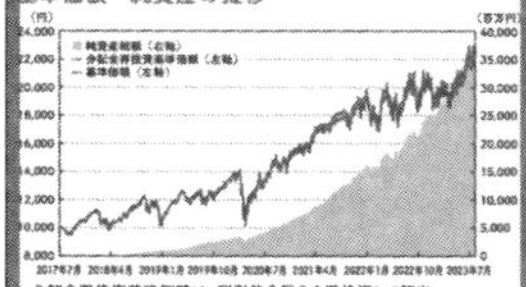

・分配金再投資基準価額は、税引前分配金を再投資して算出

分配の推移

決算期／年月日	分配金
2期　2019年6月20日	70円
3期　2020年6月22日	90円
4期　2021年6月21日	110円
5期　2022年6月20日	60円
6期　2023年6月20日	200円
設定来累計	580円

・分配金のデータは、1万口当たり、税引前の金額です。

基準価額と純資産総額の推移。両者とも堅調に右肩上がりになっているのがわかる。

主要な資産の状況

農林中金＜パートナーズ＞長期厳選投資　おおぶね
《資産の組入比率》

資産の種類	組入比率（%）
米国企業価値フォーカスマザーファンド	98.0
短期資産等	2.0

米国企業価値フォーカスマザーファンド

《組入上位銘柄》

	銘柄名	業種	組入比率（%）
1	COSTCO WHOLESALE CORP	生活必需品流通・小売り	6.6
2	MCCORMICK & COMPANY	食品・飲料・タバコ	5.8
3	AMPHENOL CORP-CL A	テクノロジー・ハードウェアおよび機器	5.6
4	TEXAS INSTRUMENTS INC	半導体・半導体製造装置	5.6
5	THE WALT DISNEY CO.	メディア・娯楽	5.5
6	VISA INC-CLASS A SHARES	ソフトウェア・サービス	5.1
7	S&P GLOBAL INC	金融サービス	5.0
8	SHERWIN-WILLIAMS CO/THE	素材	3.8
9	TJX COMPANIES INC	一般消費財・サービス流通・小売り	3.7
10	NIKE INC -CL B	耐久消費財・アパレル	3.7

《組入上位業種》

	上位業種	組入比率（%）
1	資本財	12.3
2	ソフトウェア・サービス	9.2
3	ヘルスケア機器・サービス	8.8
4	医薬品・バイオテクノロジー・ライフサイエンス	8.6
5	商業・専門サービス	7.6
6	生活必需品流通・小売り	6.6
7	金融サービス	6.5
8	食品・飲料・タバコ	5.8
9	テクノロジー・ハードウェアおよび機器	5.6
10	半導体・半導体製造装置	5.6

・組入比率は、各ファンドの純資産総額に対する比率です。
・短期資産等は、コール・ローン、CP、CD、未収金、未払金等が含まれます。

投資先企業の上位10銘柄、ならびに上位業種がわかる。

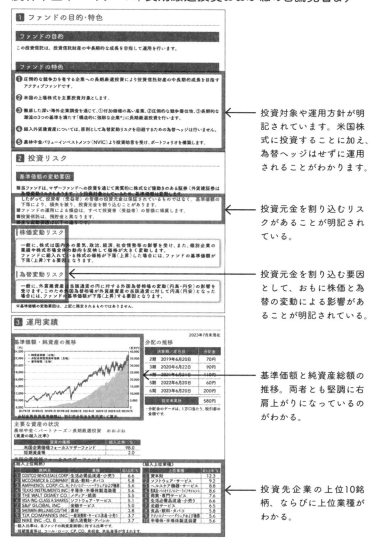

ほぼ文章だけで細かく書かれています。有価証券報告書のフォーマットに沿った記載内容といってもいいでしょう。

実務的には投資信託説明書（交付目論見書）に目を通しておけば、基本的な情報は得られます。そこで、投資信託説明書（交付目論見書）のチェックポイントをお伝えしておきましょう。

投資信託説明書（交付目論見書）の表紙には、ファンド名や投資信託会社名が記載されています。まずファンド名の下に記載されている「商品分類」と「属性区分」を確認します。商品分類は単位型か追加型の別や投資対象地域、収益の源泉となる投資対象資産が明記されています。ここを見るだけで、ある程度どんな商品なのかがわかります。属性区分は決済頻度や投資形態などが記載されています。

次に「ファンドの目的、特色」を見ていきましょう。

まずファンドの目的として、「信託財産の成長を目標に積極的な運用を行うことを基本とします」といった文言が書かれています。積極的な運用という点から、高いリターンの実現を目指した投資信託であることがわかります。

ファンドの特色には、どういう資産を組み入れ、どういう投資方針で運用を行うのかということが記載されています。

ここまで目を通しておけば、この投資信託がどういう資産を組み入れて運用しているのか、積極的にリスクを取って高いリターンを目指すのかどうかなどがおおむね把握できます。

次に、「投資リスク」です。基準価額の主な変動要因が列記されていますが、リスクの一般的な説明となっています。

しっかりチェックして欲しいのは、参考情報として記載されている「年間騰落率と基準価額の推移」と「代表的な資産クラスとの騰落率の比較」です。年間騰落率を見ることで、その時々どの程度上下があったのかがわかります。また、代表的なほかの資産（内外の株式や債券など）と騰落率を比較することで、どの程度のリスクとリターンがあるのかがわかるようになっているのです。

次にくるのが、「運用実績」です。設定来の基準価額と純資産総額の推移や支払った分配金実績が記載されています。また、実際の組み入れ銘柄なども載っています。

その次は、「手続・手数料等」です。

お申込みメモには、注文の締切時間、信託期間、繰上償還の要件や決算日などが書かれています。さらにファンドの費用として、投資家が直接負担する費用、間接的に負担する費用の詳細が書かれています。必ずチェックするようにしてください。

運用報告書で過去の運用経過を把握する

運用報告書は、詳細が記載された「運用報告書（全体版）」と簡易型の「交付運用報告書」があります。交付運用報告書は、運用報告書（全体版）に記載すべき項目のうち重要な項目が記載されており、受益者に必ず交付されます。運用報告書は、原則はファンドの決算ごとに作成されますが、決算期間が6カ月未満のファンドについては6カ月に1回作成されます。

ここでは交付運用報告書についてご説明します。主な記載事項は次の通りです。

（1）運用経過
（2）今後の運用方針
（3）お知らせ
（4）ファンドの概要
（5）ファンドのデータ

「運用経過」には、基準価額と純資産総額の推移とその変動要因の説明、1万口あたりの費用明細と総経費率、最近5年間の基準価額や分配金等の推移が記載されています。ここ

農林中金〈パートナーズ〉長期厳選投資おおぶねの運用報告書より

農林中金＜パートナーズ＞長期厳選投資　おおぶね

≪運用経過≫

【当期中の基準価額等の推移について】　　（第６期：2022年６月21日～2023年６月20日）

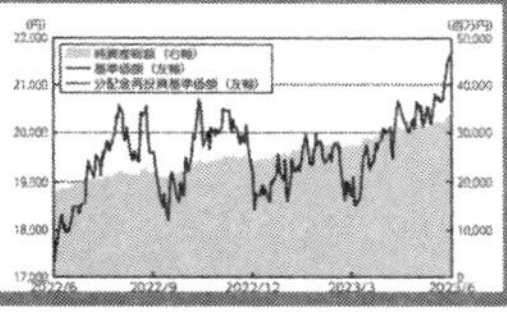

第６期首　：17,350円
第６期末　：21,491円
（既払分配金　200円）
騰落率　：　25.0％
（分配金再投資ベース）

第6期の基準価額、純資産総額の推移をグラフで表示

・当ファンドは、値動きを表す適切な指数が存在しないため、ベンチマーク等は設けておりません。
・分配金再投資基準価額は、分配金（税込み）を分配時に再投資したものとみなして計算したもので、ファンドの運用の実質的なパフォーマンスを示すものです。
・実際のファンドにおいては、分配金を再投資するかどうかについてはお客様がご利用のコースにより異なります。また、ファンドの購入価額により課税条件も異なります。従って、各個人のお客様の損益の状況を示すものではありません。

【基準価額の主な変動要因】
基準価額は、期首17,350円で始まり、期末21,691円（分配金込み）となり、騰落率は25.0％の上昇となりました。
対象期間中の当ファンドのポートフォリオ企業では、Jack Henry & Associates INCやTHE WALT DISNEY CO.等の下落がマイナス寄与したものの、COPART INCやTJX COMPANIES INC等の上昇がプラス寄与しました。

期首と期末で基準価額がどの程度変動したのか、どのような銘柄が値動きに影響したのかなどが明記されている。

農林中金＜パートナーズ＞長期厳選投資　おおぶね

（参考情報）
■総経費率
当期中の運用・管理にかかった費用の総額（原則として、募集手数料、売買委託手数料及び有価証券取引税を除く。）を期中の平均受益権口数に期中の平均基準価額（１口当たり）を乗じた数で除した総経費率（年率）は1.01％です。

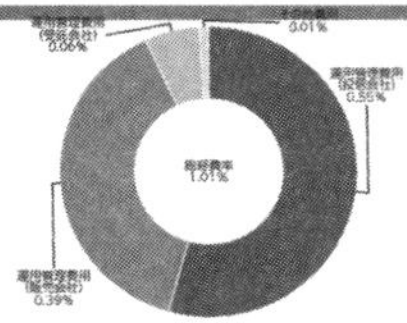

（注1）費用は、１万口当たりの費用明細において用いた簡便法により算出したものです。
（注2）各費用は、原則として、募集手数料、売買委託手数料及び有価証券取引税を含みません。
（注3）各比率は、年率換算した値です。
（注4）上記の前提条件で算出したものです。このため、これらの値はあくまでも参考であり、実際に発生した費用の比率とは異なります。

総経費率を明記しているファンドもある。2024年4月からはすべてのファンドについて、総経費率の明記が義務付けられる予定。

農林中金＜パートナーズ＞長期厳選投資　おおぶね

【最近５年間の基準価額等の推移について】

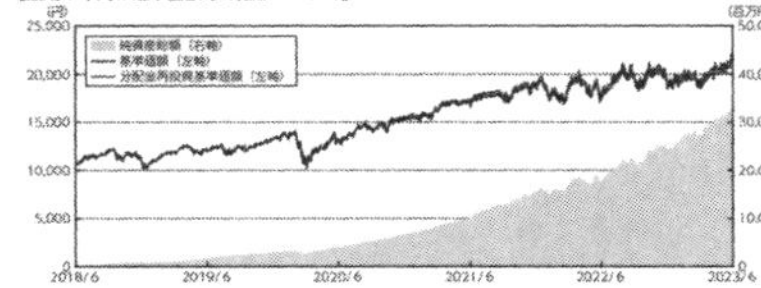

・分配金再投資基準価額は、分配金（税込み）を分配時に再投資したものとみなして計算したもので、ファンドの運用の実質的なパフォーマンスを示すものです。また課税条件によっては、騰落率は一律に受益者の収益率を示すものではない点にご留意ください（以下同じ）。
・実際のファンドにおいては、分配金を再投資するかどうかについてはお客様がご利用のコースにより異なります。また、ファンドの購入価額により課税条件も異なります。従って、各個人のお客様の損益の状況を示すものではありません。
・分配金再投資基準価額は、2018年６月20日の値を基準価額と同一となるように指数化しています。

当ファンドは、値動きを表す適切な指数が存在しないため、ベンチマーク等は設けておりません。

■最近５年間の年間騰落率

	2018/6/20 期首	2019/6/20 決算日	2020/6/22 決算日	2021/6/21 決算日	2022/6/20 決算日	2023/6/20 決算日
基準価額（円）	10,818	12,068	12,989	16,702	17,350	21,491
期間分配金合計（税込み）（円）	−	70	90	110	60	200
分配金再投資基準価額騰落率（％）	−	12.2	8.4	29.4	4.2	25.0
純資産総額（百万円）	248	1,793	4,059	10,216	17,669	33,659

（注）ファンド年間騰落率は、分配金がある場合は分配金（税込み）を再投資したものとして計算します。実際のファンドにおいては、分配金を再投資するか否かは受益者ごとに異なり、また課税条件によっても異なるため、上記の騰落率は一律に受益者の収益率を示すものではない点にご留意ください。

過去5期分の基準価額、純資産総額などが記載されている。

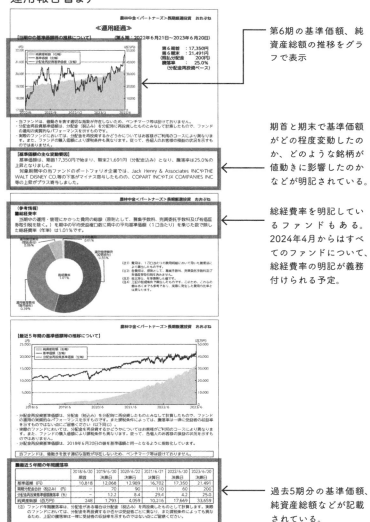

の記載内容は、インデックスファンドかアクティブファンドかによって異なり、投資信託会社や投資信託ごとの個性も色濃く出る部分です。ぜひ読んでみてください。

「今後の運用方針」には、ファンドの目的・特色や投資環境に基づいた今後の運用方針が簡潔に説明されています。

「お知らせ」には、約款の内容や運用体制の変更など、重要な内容の変更があった場合にその記載があります。

「ファンドの概要」には、商品分類、信託期間、運用方針、主要投資対象、運用方法、分配方針など、「ファンドのデータ」には、組入資産の内容や純資産などの概要をグラフや表なども用いて書かれています。

目論見書と重複する部分も多い交付運用報告書ですが、年に1回か2回の発行です。運用経過の項目はチェックするようにしましょう。

運用レポートにも目を通す

過去の運用状況は、運用報告書で把握できます。ただし、ひとつだけ難点があります。運用報告書の場合、決算を迎えてから作成されるため直近の運用状況を把握しにくいこと

農林中金〈パートナーズ〉長期厳選投資おおぶねの運用レポートより一部抜粋

2年連続受賞

設定・運用は 農林中金全共連アセットマネジメント NZAM

マンスリーレポート

投資信託部門／北米株式コア 優秀ファンド賞 ※後掲「R&Iファンド大賞について」を参照ください。

農林中金＜パートナーズ＞長期厳選投資　おおぶね　（基準日：2023年10月31日）　販売用資料

設定日：2017年7月5日　償還日：無期限　決算日：6月20日（休業日の場合は翌営業日）　追加型投信／海外／株式

■ 基準価額・純資産総額の設定来推移

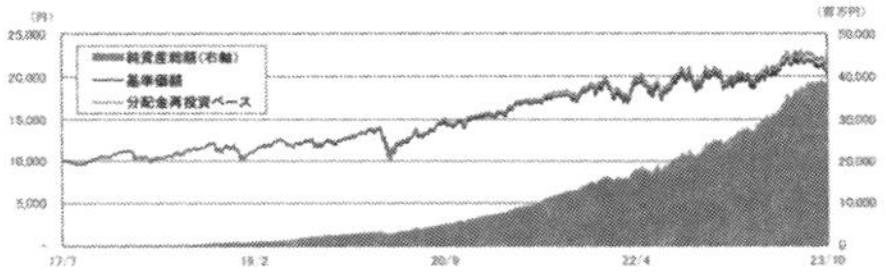

■ 設定来の運用実績

	基準価額（分配金再投資）(円)	騰落率(%)
当月末	21,250	-
過去1カ月	22,226	-4.39
過去3カ月	22,576	-5.87
過去6カ月	20,437	3.98
過去1年	21,229	0.10
過去3年	14,247	49.15
設定日来	10,000	112.50

■ 基準価額と純資産総額

	当月末	前月末	前月末比
基準価額(円)	20,487	21,428	−941
純資産総額(百万円)	38,215	38,677	−462

	基準価額(円)	日付
設定来高値	22,213	2023年8月15日
設定来安値	9,504	2017年8月21日

■ 運用資産構成比率

ファンド		比率(%)
外国株式		95.1
	現物	95.1
	先物	-
短期資産等		4.9
合計		100.0

■ 分配実績

決算年月日	分配金（課税前）(円)
2023/06/20	200
2022/06/20	60
2021/06/21	110
2020/06/22	90
2019/06/20	70
2018/06/20	50
設定来合計	580

■ 6ページの「主なリスクと費用」および「留意事項」を必ずお読み下さい。

設定・運用は 農林中金全共連アセットマネジメント NZAM

マンスリーレポート

農林中金＜パートナーズ＞長期厳選投資　おおぶね　（基準日：2023年10月31日）　販売用資料

追加型投信／海外／株式

■ 10月の市場動向と運用状況

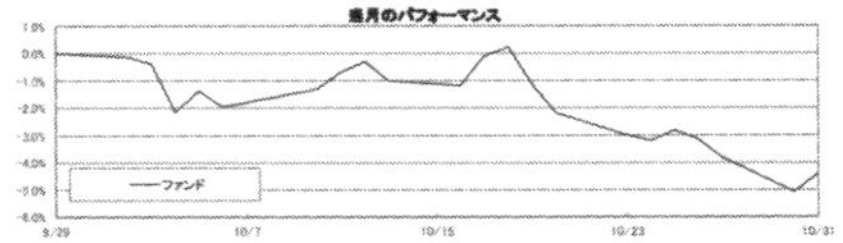

＜マザーファンドの運用状況＞

■ 組入上位10銘柄

順位	銘柄名	業種	組入比率(%)
1	COSTCO WHOLESALE CORP	生活必需品	7.0
2	AMPHENOL CORP-CL A	情報技術	5.8
3	TEXAS INSTRUMENTS INC	情報技術	5.6
4	VISA INC-CLASS A SHARES	金融	5.4
5	S&P GLOBAL INC	金融	5.2
6	MCCORMICK & COMPANY	生活必需品	5.1
7	NIKE INC -CL B	一般消費財・サービス	4.1
8	CHURCH & DWIGHT CO INC	生活必需品	4.0
9	TJX COMPANIES INC	一般消費財・サービス	4.0
10	THE WALT DISNEY CO.	コミュニケーション・サービス	3.9

組入銘柄総数：　28銘柄

■ 業種別組入比率

業種	ファンド(%)
資本財・サービス	21.5
ヘルスケア	17.4
生活必需品	16.1
金融	15.8
情報技術	13.4
一般消費財・サービス	8.1
コミュニケーション・サービス	3.9
素材	3.8
合計	100.0

■ 6ページの「主なリスクと費用」および「留意事項」を必ずお読み下さい。

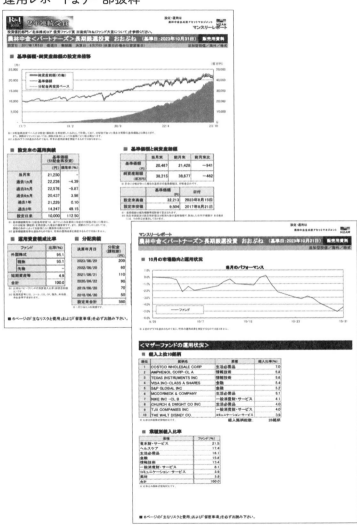

です。

そこで運用レポートと呼ばれている投資信託会社が自主的に作成しているレポートもあわせて見るようにしましょう。法定書類ではないので、投資信託会社によって作成頻度はバラバラです。それでも月次レポート、あるいは月報やマンスリーレポートといった名前で月1回は作成されています。

月次レポートには、基準価額と純資産総額の推移や分配金実績、組み入れ資産・銘柄の状況などとあわせて、ファンドマネージャーのコメントが掲載されています。そこでは、最新の状況や市場を取り巻く環境、ファンドマネージャーの見解や視点も知ることができますので有意義です。

大半の投資信託会社は、過去のレポートもダウンロードできるようになっています。マーケットが大きく下落した時はどうだったのかといった点をチェックするのも良いかもしれません。購入を検討する際には、ぜひ確認するようにしましょう。

第3章

投資信託はここで買う

投資信託を扱う金融機関はさまざま

前述の通り、私が証券業界に入った時は証券会社の窓口でしか投資信託を買うことができませんでした。当時、証券会社といえば一般の人にとって敷居の高い存在だったので、「投資信託」という金融商品があることすら、あまり知られていなかったと思います。

しかし、その後、投資信託の販売窓口はどんどん広がっていきました。

証券会社以外の金融機関で、まず投資信託の販売を認められたのは投資信託会社です。1992年のことでした。

その後、銀行など金融機関の店舗の一角を間借りして、投資信託会社が自社運用ファンドを直接販売できるようになりました。銀行が投資信託の販売を開始する1年前のことです。1997年12月から始まった店舗間貸し方式販売は、銀行が直接、投資信託を販売するようになる布石だったとも言えそうです。

こうして1998年から銀行、ならびに保険会社が投資信託の販売ビジネスに参戦しました。さらに2005年10月から当時の日本郵政公社が全国575の郵便局で投資信託の販売を開始しました。投資信託は、証券会社に加えて銀行、保険会社、郵便局など多くの金融機関で販売するようになったのです。

これだけさまざまな金融機関で販売されるようになると、商品の品ぞろえや手数料、利便性も含めてどの金融機関で取引するかによって結果は大きく違ってきます。だからこそ投資信託を購入する際は、「どこで買うのか」をしっかり考える必要があります。

ネットで買うか、店舗で買うか

まず押さえておきたいのは、従来の店舗を構えている対面型金融機関で購入したほうがいいのか、それともインターネット型金融機関で購入したほうがいいのかだと思います。

いずれも一長一短があります。

まず、店舗を構えている対面型の銀行や証券会社で購入する場合です。最大のメリットは、窓口で担当者と直接話ができることです。本書を読んでいただければ、ある程度の知識は身につくと思います。それでも実際に金融機関に口座を開設し、投資信託を選び、お金を入金して購入するとなると、不安や疑問がいくつも出てくるはずです。

対面型の金融機関で購入するなら、必要に応じて随時、担当者に話を聞くことができます。この安心感は、インターネットのみでサービスを提供している金融機関にはないものといえるでしょう。

デメリットは、「手数料が（相対的に）高い」という点です。店舗を構えている対面型の金融機関は、店舗や営業員などのコストがかかります。対面でお客様に商品を説明するのにもコストがかかっているのです。したがってネットで完結する金融機関に比べると、どうしても手数料は高くなるのです。

また、ある程度の知識を持っていないと、窓口担当者から勧められるままに買って失敗する恐れがあります。

金融機関の担当者からすると、お客様はある意味、「自分たちの売上に貢献してくれる人」です。そのため「投資信託を買いたいので相談に乗って欲しい」と、のこのこ窓口に出向いて行くと、売上につながる手数料の高い投資信託を勧めてくる可能性があるのです。

もし、あなたが「お金に余裕があって、投資の知識や金融リテラシーがあまりないお客様」だと認識されたとしたら、担当者はどういう行動に出るでしょうか。おそらく、次々と金融商品を勧めてきます。金融機関が売りたい商品、担当者が売らねばならない商品を、です。もちろん、お客様の立場に立って考えてくれる担当者もいます。でも、サラリーマンとしては会社の政策に沿って、会社の指示に従って営業することが正しいのです。

事実、「担当者の言うなりにさまざまな投資信託を購入、お客様自身は分散投資しているつもりになっていたが、実際は同じようなタイプの投資信託ばかりで許容できるリスクをはるかに超えていた」人が何人もいらっしゃいました。

したがって、対面型金融機関の店舗で投資信託を購入するのであれば、一定の知識を持ち、自分自身の投資方針や許容するリスクをきちんと決めておく必要があります。そうでないと、言葉は悪いですが、「カモがネギをしょっていく」ことになりかねません。

では、インターネット型金融機関はどうでしょうか。

これはネット証券をイメージしてもらえればいいでしょう。ネット証券は営業担当者がいませんので、すべてインターネット上で自分で完結させる必要があります。

しかし、手数料は圧倒的に安いです。ネット証券では投資信託を購入する時の手数料はゼロです。後述するように商品の品ぞろえも圧倒的に豊富です。この2点がネット証券の最大のメリットです。また、担当者からよくわからない投資信託を勧められることもありません。この点も安心ですね。

一方、商品選びから注文の発注、決済、口座の管理など、すべて自分自身で行う必要がありますす。投資信託もたくさんありますので、ある程度知識がないと商品選びも苦労するでしょう。そもそも、口座開設の途中で挫折してしまうかもしれません。特定口座とか一般口座とか、初めて接する言葉がいくつも出てきます。

さらに、ある程度のITリテラシーも必要になります。コールセンターはあるものの、原則として自分自身でネット上ですべての作業を行わねばなりません。ネット証券のサイトには聞きなれない言葉や項目がたくさんあります。目的のボタンを探すのも一苦労でしょう。

またIDやパスワードの管理も、すべて自分で行わなければなりません。パスワードを何回か間違えるとロックされてしまい、再発行して改めてログインするまでに相応に日数もかかります。いろいろな意味で自己責任を強く求められるのは事実です。現時点では自由に使いこなせている人でも80歳、90歳という高齢者になった時、今と変わりなくインターネット型金融機関を利用できるのかどうか、やや不安な面もあります。

こうした一長一短があることを理解したうえで、「自分はどちらを利用したほうがいいのか」を考える必要があります。

新NISAつみたて投資枠の品ぞろえ

新NISAのスタートをきっかけに、資産形成を始めてみようと思っている人もいらっしゃるでしょう。

その場合も、どこの金融機関に口座を持つかによって大きく違います。つみたて投資枠で購入できる投資信託の本数は全部で280本あります。ところが大手メガバンクだと、購入できる投資信託はそのごく一部に過ぎません。たとえば、三菱ＵＦＪ銀行18本、みずほ銀行14本、三井住友銀行だとわずか４本になってしまうのです。280本中４本しか選べないのでは、さすがに選択肢が少なすぎるのではないでしょうか。

一方、証券会社はどうでしょうか。つみたて投資枠で買える投資信託は、ネット証券の大手２社、ＳＢＩ証券は218本、楽天証券は213本あります。選択肢は圧倒的に多いですね。対面型証券会社の取り扱い本数は、みずほ証券10本、野村証券19本、大和証券31本、ＳＭＢＣ日興証券は143本などとなっています。

つみたて投資枠に限らず投資信託の品ぞろえを見ると、ＳＢＩ証券や楽天証券では2500本前後、対面型証券会社だと数百本程度の取り扱いとなっています。

また、投資信託会社の直接販売についても触れておきましょう。投資信託会社の中でも、一部の独立系投資信託会社は人気があります。その理由は、運用担当者の顔が見えること、運用方針に確固たる信念があり、それを自身の言葉で発信していること、長期投資を勧めていること、などが挙げられます。

ただ、独立系投資信託会社による直接販売は、新ＮＩＳＡのスタートによって今後厳しくなっていくかもしれません。新ＮＩＳＡはつみたて投資枠と成長投資枠の併用が可能であり、生涯投資枠も１８００万円とかなりの金額まで投資可能です。しかし、一人一金融機関一口座しか持てません。独立系投資信託会社だと個別株やＥＴＦへは投資ができず、自由度がかなり限定されてしまうのです。事実、新ＮＩＳＡ口座は別の金融機関で開設する人も多いと聞きます。

日本の投資信託の本数は、２０２３年10月末時点で５９０８本あります。多ければ良いというものではないものの、やはりある程度の選択肢はあったほうが良いでしょう。

とはいえ、これも人によって違うかもしれません。選択肢が多過ぎると、何を買っていいのか迷うばかりで困ってしまう人もいるでしょう。

もちろん、だからこそ本書がお役に立てると思います。最後まで読んでいただき、ぜひご自身にあった投資信託を選んでください。

プロのアドバイザーを頼ってみる

これから投資信託で運用していくにあたり、店舗のある対面型金融機関が良いのか、ネット型が良いのか、銀行が良いのか証券会社が良いのか、メリットデメリットをご理解できたと思います。私がおススメするのはネット証券です。

ただ、ネット証券のデメリットは先述した通り、すべて自分で判断し、自分で手続きをしなければならない点です。デジタルネイティブな若い人たちは何の問題もなく使いこなせるでしょう。でも世代によっては、そうはいかないかもしれません。

感覚的に50代以上の世代は、対面型の証券会社や銀行で担当者の話を聞きながら投資信託を買う人がまだまだ多いと感じます。前述したように、対面型金融機関の営業担当者は、会社の方針、指示に従って金融商品を販売しています。会社は販売すべき金融商品と、その販売金額や手数料目標を営業担当者に明示します。つまり、営業担当者は資産運用のアドバイザーではなく、金融商品の販売員なのです。金融機関は手数料の高い商品のほうが稼げる、顧客からすると手数料は低いに越したことはない、この点では利益相反も存在するのです。

「ネット証券にしたいけど自分で全部やる自信はない、かといって対面型の営業担当者だと心配、どうしたら良いのかな」とお考えの人もいると思います。会社都合ではなく、自分にとって良いアドバイスをくれる人はいないのか。候補は、独立系ファイナンシャルアドバイザーです。ここではＩＦＡとＲＩＡを含めた広い意味での独立系ファイナンシャルアドバイザーを指しています。

独立系ファイナンシャルアドバイザーは、その多くが対面型証券会社を辞めて独立した人たちです。会社の政策の中で仕事をするのではなく、お客様にふさわしい商品を販売していこう、お客様にとって本当に良いアドバイスをしていこう、自分が正しいと思えることをしていこうとの想いで独立するのです。この人たちであれば、真に自分の味方になり得るのです。

ただし冒頭でも触れたように、同じ独立系ファイナンシャルアドバイザーでもビジネスモデルによって違いがあります。

ＩＦＡは、金融商品仲介業のライセンスを取得している金融商品仲介業者と業務委託契約を結ぶか、金融商品仲介業者の正社員として営業活動をするかに大別されます。業務委託契約か正社員かの違いはあっても、「商品を販売して販売手数料を稼ぐ、売買して売買手数料を稼ぐ」というビジネスモデルが一般的です。したがって、売上の挙げ方という観点からは対面型の証券会社と変わりません。

そこで、「自分が食っていくために」手数料稼ぎの営業をしているＩＦＡもいます。一時期問題になった「仕組債」を、ＩＦＡが積極的に販売したのは多額の手数料が稼げるからです。むしろ、証券会社の営業担当者以上に手数料稼ぎに精を出しているＩＦＡすらいるように思います。本当に自分にとって良いアドバイスをくれるのか、自分にふさわしい商品を提案してくれるのかをしっかりと見極める必要があります。

一方、ＲＩＡと呼ばれる投資助言会社（者）は、お客様の目利き役、いわば購買代理人という立ち位置です。金融商品を販売するのではなく、お客様にアドバイスを行って、その対価としてフィーを収受します。金融商品を販売して手数料を稼ぐモデルではないため、手数料欲しさにお客様の利益にならない売買を提案することはありません。「今は動かないほうがいいですよ」と売買を制止するアドバイスもできるのです。

もちろんＲＩＡのアドバイスが、必ずしも効を奏するとは限りません。しかし、資産運用の先進国である米国では、手数料を取るタイプのＩＦＡよりも、投資助言でアドバイスフィーを受け取るＲＩＡのほうが数の上で多くなっています。

また因果関係は明確ではないものの、過去にさかのぼって分析すると、手数料ベースのＩＦＡに比べて、フィーベースのＲＩＡのほうが高いパフォーマンスを実現しているという話もあるくらいです。

現在の日本においては、米国のＲＩＡのように長期的に資産運用をアドバイスする投資助言会社（者）は極めて少数です。ただし、近年は手数料（コミッション）か、助言報酬・残高連動報酬（フィー）か、といった議論も高まってきました。投資家から見ても、さまざまなサービスが登場して選択肢が増えるのは望ましいはずです。今後は、日本においても米国並みにＲＩＡの存在感が高まってくるでしょう。このほうが顧客にとってより良いサービスであると信じています。それが今の私の仕事の励みにもなっています。

こんなサービスを提供

私が立ち上げたWealthLead（ウェルスリード）は、ＲＩＡ、つまり投資助言会社です。金融商品を販売するのではなく、お客様側に立ち、お客様に合ったアドバイスをする会社です。つまり、本当の意味でアドバイザーです。ファイナンシャルアドバイザーとして長期的な資産運用をアドバイスするのと同時に、保険や不動産、相続などのお金全般、また中小企業経営者向けに事業承継やＭ＆Ａの助言を行うプライベートバンカーでもあります。どんなサービスを提供しているのか、簡単にご説明させていただきます。

資産運用の助言は次の３つの特徴があります。

一つ目は、「一人一人に合わせたオーダーメイドの助言」であることです。お客様は、年齢や職業、収入や支出、資産の状況、課題や悩み、資産運用の目的など、皆さん違います。お客様の状況を伺って、その人にとって最適だと思われる助言を行っています。

二つ目は、「世界基準の国際分散投資」を助言している点です。機関投資家や世界の富裕層は当たり前に行っていますが、日本ではようやく知られるようになった考え方です。世界基準の資産運用を助言しているのです。

三つ目は、ゴールベース・ウェルスマネジメントです。ゴールベース・ウェルスマネジメントとは、まず資産運用のゴール（目的、目標）を定め、それを実現するために長期的に資産運用していくことを指します。ゴールがないまま、お金儲けだけが目的になってしまうと際限がありません。欲の皮が突っ張って失敗する可能性が大きくなります。

一方、「何のために資産運用するのだっけ？」となった時に、ゴールが明確になっていれば常に目線を定めることができます。他人がどれだけ儲けようが関係ありません。自分のゴールが達成できれば、それが成功なのです。たとえば、多くの人にとっては「十分な老後のお金を準備する」ことがゴールになるでしょう。

さらに、お客様と相談して、「コア・サテライト戦略」を採用するケースが多いのです。コア・サテライト戦略とは、資産をコアとサテライトの2つに分けて運用する戦略で、リスク管理とリターンの最適なバランスを追求するために活用します。具体的には、次のように考えます。

コア資産は、リスク管理を重視し、ゴールを達成するためのメインの運用と位置づけています。投資信託かＥＴＦでポートフォリオを構築します。

サテライト資産は、お客様のニーズ次第で個別株への投資やヘッジファンドへの投資を行うこともあります。コア運用よりは、リスクを取ってリターンを狙う場合が多いです。あくまでサブ運用の位置づけです。

このような助言を行い、お客様には「助言のみ」か「助言＋仲介」のどちらかを選んでいただいています。実は、弊社は投資助言会社でありながら、金融商品仲介業のライセンスも持っていて、お客様の希望があれば注文の発注も行っているのです。少し詳しくご説明します。

投資助言会社は助言しかできないので、実際の商品の購入や売買注文はお客様ご自身でやっていただく必要があります。この点が課題になりました。「アドバイスだけなら契約しない」というお客様が何人もいらっしゃったのです。その理由を聞くと、「毎日仕事で忙しくて時間がない」とか、「自分で注文を出すなんて面倒くさい」とおっしゃるのです。

確かに、多忙な方にとっては全部任せたいでしょうし、金融リテラシーやＩＴリテラシーに自信がないと、ネット証券で取引すること自体がハードルになるのです。

しかし投資助言会社としては、注文発注の代行やお客様に代わって口座を管理することはできません。そこで、米国のように資産管理機能を提供してくれる会社がないか探し回りましたが、投資助言ビジネスが根づいていない日本にそんな会社はありませんでした。
そんななかで楽天証券に「管理口座」という、購入手数料や売買手数料ではなく、残高連動フィー体系を採用する特殊な口座があることを知りました。
「管理口座を活用すれば米国RIAのような資産管理が可能になり、お客様のニーズにお応えすることができる！」

そう考え、楽天証券さんと話し合いを始めました。ただし管理口座を利用するためには、金融商品仲介業のライセンスが必要だったのです。楽天証券さんとは半年ほど議論を重ねたうえで、当局（関東財務局）にライセンス取得を申請しました。

実際にライセンスを取得するまでには、さらに1年半ほどもの時間がかかりました。投資助言会社でありながらお客様のニーズによっては商品の購入や売買注文の仲介もできる、これは日本で初めてのビジネスモデルであったため、当局と何回も議論を行ったのです。

誤解がないように申し上げますが、管理口座は、商品の購入や売買にともなう手数料は通常のネットコースとほぼ同じです。たとえば、投資信託の購入時手数料はゼロですし、米国株の売買手数料もＮＩＳＡ口座だとゼロです。仮に売買手数料が発生したとしても弊社への還元はありません。つまり、売買を勧めるインセンティブは一切働かないのです。
その代わり、楽天証券にはお客様の資産額に連動するフィーが入り、そのうち一定の比率で弊社に還元される仕組みです。つまり、お客様の資産が増えれば弊社の売上も上がる、利益相反の少ないｗｉｎ-ｗｉｎの関係であると考えています。

お客様には「助言のみ」か「助言＋仲介」か、どちらかを選んでいただいています。助言を受けながら自分でも勉強していきたい方は助言のみ、できるだけ手間を省きたい方は助言＋仲介を選ばれます。どちらを選んでいただいてもお客様の費用負担はほぼ同じになるように設計しています。

ご参考までに、具体的な弊社のサービスメニューも書かせていただきます。次の３つのコースを設けています。

まず、一つ目は「資産運用コース（ウェルスリード・アドバイザリー）」です。専属の投資アドバイザーとして金融面を中心に生涯伴走するコースです。運用資産額が３０００万円以上ある方に限定させていただいていて、顧問税理士や顧問弁護士などと同じように年間の顧問契約となります。頂戴する報酬は、運用資産に対して年率最大１・５％、運用資産額が大きくなると料率は下がります。運用資産額（助言資産額）連動フィー体系ですので、お客様の資産が増えれば弊社がいただく報酬も増えます。

このコースでは、まずはお客様ごとにオーダーメイドの資産運用プランを策定します。

プランを策定するまでに1回1時間半から2時間程度の打ち合わせを2回は行います。プランにご納得いくまで行いますので、お客様によっては3回、4回となる場合もあります。運用がスタートした後は、助言は随時、お客様からの相談は無制限です。さらに定期的なポートフォリオ診断を年2回行います。月1回の投資情報マガジンやメール、動画等での情報提供も行っています。

また、不動産を含めた資産全体の助言と相続・事業承継、M&Aの相談・初期的助言も行います。連絡手段や接触頻度はお客様のご希望にあわせていますが、最低でも年2回は面談を行っています。状況の共有と対話を重視しているのです。

二つ目は「資産形成コース（スタートプラン・アドバイザリー）」です。お金のパーソナルコーチとして、資産運用のスタートを支援するコースです。これから資産形成を始めたい方を中心にご利用いただいて、運用資産額は一切問いません。契約期間は3カ月、不安なく資産運用ができるように、とことんサポートをします。頂戴する報酬は39万円（税別）です。

資産運用コースと同じように、お客様ごとにiDeCoやNISAの活用も含めてオーダーメイドの運用プランを策定します。また、加入している保険のチェックと見直しのアドバイスも行います。ご希望があればライフプランシミュレーション表も作成します。

資産形成コースのお客様には、運用がスタートした後は年1回のポートフォリオ診断をお勧めしています。

ポートフォリオ診断とは、私たちが人間ドックに入って健康状態をチェックするのと同じで、お金の健康診断だと思ってください。資産運用も年1回は徹底的にチェックを行い、必要なメンテナンスをしたほうが良い結果が得られるのです。

ポートフォリオ診断の結果報告と、それにともなう助言は面談で行っています。対話を通じてお客様のお考えやゴール、ライフステージの変化を確認する大切な機会ととらえているからです。ポートフォリオ診断はオプションメニューですが、ゴールが実現するまで伴走したい私たちは、できればご利用いただきたいと考えています。助言報酬は7万円（税別）頂戴しています。

三つ目はスポットでご相談いただくプラン（スポット・アドバイザリー）です。必要な時に資産運用の疑問や不安を解消するコースで、弁護士さんが採用しているタイムチャージ方式のようなイメージで、1時間3万3000円（税別）で助言させていただいています。事前の調査・分析が必要な場合は、ご相談内容のヒアリングと助言を行う面談をセットにして7万円（税別）を頂戴しています。新NISAに限定した助言も、このコースで対応させていただいています。

前述の通り、プライベートバンカーでもあり、最近はM&Aのご相談がとても増えてきました。もともと資産運用コースのお客様の多くは中小企業経営者です。経営者は誰しもM&Aは事業戦略の選択肢として持っています。後継者不在からくる事業承継型M&Aは特に増えていて、信頼できる相棒のようなイメージでご相談いただくケースがあるのです。

投資の助言とM&Aアドバイザリー、まったく違うビジネスではありますが、実は私にとっては「お客様の想いを実現する」という意味で本質はまったく同じです。資産運用でもM&Aでも、お客様のことを深く理解し、コミュニケーションを密にしつつ、お客様のゴール、夢の実現に向けて全力を尽くすのです。

もしご興味をお持ちいただけたら、ぜひご相談ください。全力でご支援いたします。

投資信託のリスクについて

投資信託で資産運用していくにあたり、想定されるリスクについてご説明します。ここで言うリスクとは、単なる「危険」という意味ではありません。投資ですから年によって良いリターンが出る時もあれば、ぼちぼちの時、あるいはマイナスになってしまう時もあるでしょう。このようにその時々によって「リターンがブレる」ことをリスクといいます。そしてリスクは数値で表すことが可能です。具体的に説明しましょう。

どの程度リスクがあるかを把握するには、正規分布の考え方が役に立ちます。

左の図をご覧ください。ここでは、複数の投資信託でポートフォリオを組んで運用した場合の期待リターンが年6％、想定されるリスクは12・9％として正規分布図に表しています。

長期的に運用を続けていった場合、リターンは年6％付近がもっとも確率的には多く出現することになります。6％を頂点としてそれよりも良いリターンが出る時もありますし、悪いリターンとなる時もありますが、その確率は徐々に低くなります。その結果、グラフは左右になだらかな裾野を描きます。

このポートフォリオのリスクは12・9％ですので、6％から良いほうに12・9ブレたところが1標準偏差（1σ）、悪い方に12・9ブレたところが－1標準偏差（－1σ）となります。そして、この範囲に収まる確率は68・3％となります。

リターンの値で表すと、1σは6＋12・9＝18・9％、－1σは6－12・9＝－6・9％となります。つまり、「このポートフォリオのリターンは、年6％を中心として上振れ

リスクについて

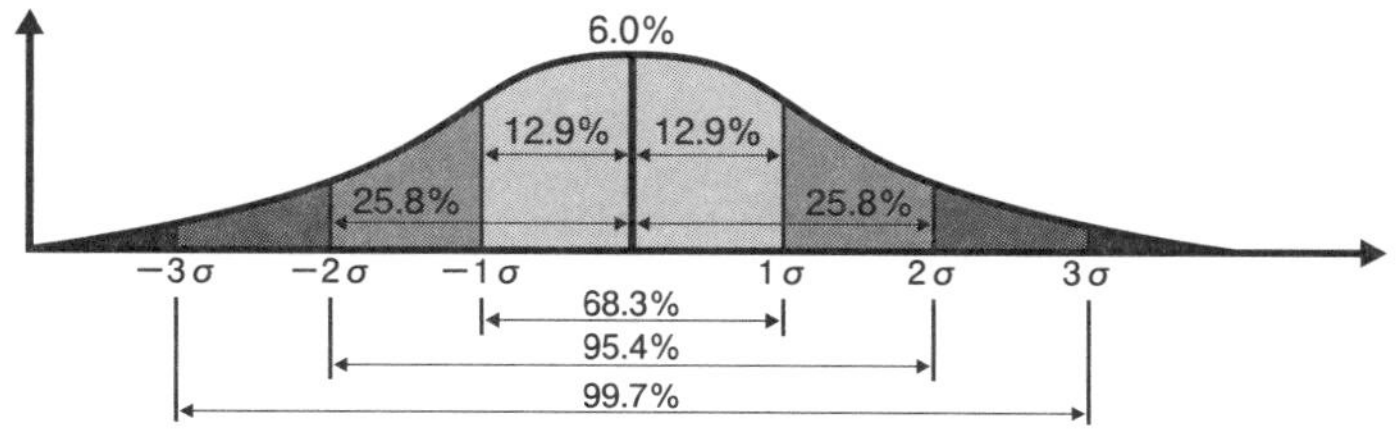

統計学手法による上昇・下落率

・標準偏差（データや確率変数の散らばり具合を表す指標）を利用。
・1 標準偏差 ±1σ）：この数値を超える確率は約15.9%（約6～7年に一度発生）
・2 標準偏差 ±2σ）：この数値を超える確率約2.3%（約40～45 年に一度発生）

標準偏差	上昇率	下落率	計算式
±1σ	18.9%	▲6.9%	上昇：6.0%（期待リターン）＋12.9%（想定リスク×1） 下落：6.0%（期待リターン）－12.9%（想定リスク×1）
±2σ	31.8%	▲19.8%	上昇：6.0%（期待リターン）＋25.8%（想定リスク×2） 下落：6.0%（期待リターン）－25.8%（想定リスク×2）

すれば18・9%程度、下振れすれば－6・9%の範囲におおむね（68・3%）収まります」という意味になります。

ちなみに12・9を2倍にした範囲、上は6＋25・8＝31・8%（2σ）、下は6－25・8＝－19・8%（－2σ）となり、この間に収まる確率は95・4%となります。

資産運用をしていく際に考えて欲しいのは、「大きく下がっても耐えられるか」という点です。ポートフォリオが「大きく下がるとしたら、どの程度下がるのか、またそれはどの位の確率で起こるのか」は、ある程度把握することが可能です。このグラフで言うと、－2σ、つまり、－18・9%以上もの下落に見舞われる確率は2・3％です。2・3％というと非常に低い確率ですが、40年から45年に一度は起こりうるイメージです。長期的に資産運用していくうえで1回や2回はあると思っていただいたほうが良いでしょう。むしろ、近年のITバブルの崩壊やリーマンショック、コロナショック等を考えると、何らかのイベントでクラッシュすることは10年に一度くらいはあると思っておいたほうが良いかもしれません。そうなった時に「自分は耐えられるか」どうかを考えていただきたいのです。その時の経済的状況や家族の状況等によっても変わると思いますが、ぜひ自問自答してみてください。

なお、個別の投資信託のリスクについては、前述した投資信託説明書（交付目論見書）の年間騰落率を確認することでざっくりと把握することができます。

株式市場は過去何度も大きな暴落を経験してきました。しかし、そのたびにそれを乗り越え、成長してきました。実際の資産運用でも、暴落があっても慌てず騒がず、長期的に運用することできちんとリターンを得ることができました。今後もそれは変わらないと思います。正しくリスクを理解して、長期的に運用していくことが大切だと思います。

第4章

心の底から勧める投資信託の選択基準

日本で設定・運用されている本数は約6000本

「投資信託で資産運用しましょう」言うは易し。いざ買おうとしても、その数の多さに唖《あ》然《ぜん》としてしまいます。

何しろ2023年10月末時点で、日本国内において設定・運用されている投資信託の本数は、5908本にもなるのですから。この数は東京証券取引所に上場されている企業の数をはるかに上回ります。

とはいえ一金融機関の窓口で5908本すべてが選べるわけではありません。投資信託は、投資信託会社と販売金融機関との間で契約を結んで取り扱われるものなので、契約がない商品は販売できません。そのため、金融機関によって取り扱い本数は違っていて、2000本くらいのところもあれば100本くらいのところもあるように、まちまちです。

したがって、投資信託でポートフォリオを組む場合は、ある程度取扱本数の多い金融機関に口座を開設することをお勧めします。

そのうえで、良質な投資信託を選べるよう、選択基準をきちんと知っておく必要があります。

国内で設定・運用されている公募投資信託の本数推移

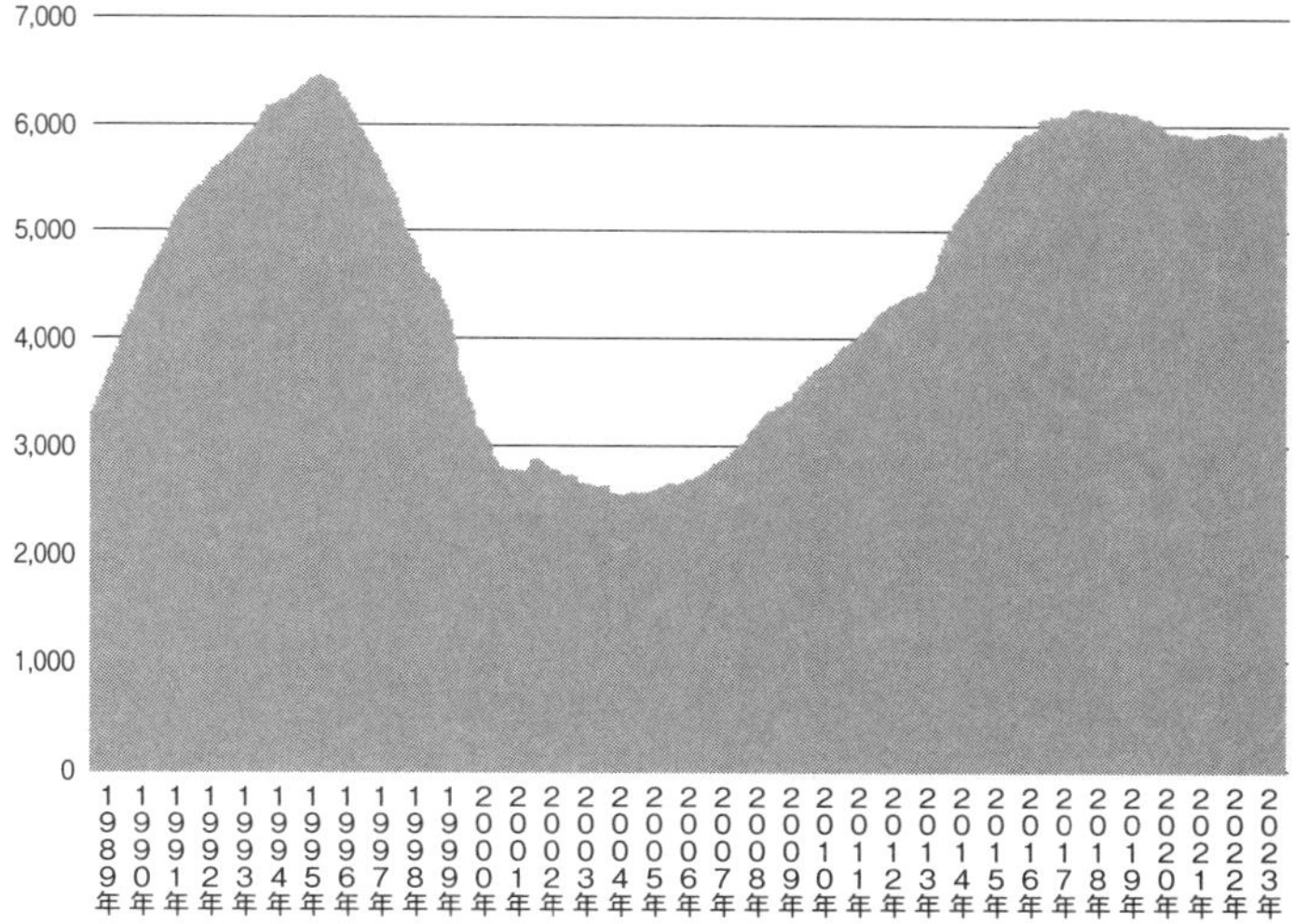

仮に口座を開設した金融機関が２０００本あまりの投資信託を扱っている場合、この選択基準を持っていないと、何を買ったら良いか迷ってしまい、なかなか一歩が踏み出せない可能性もあります。

もちろん、どの投資信託を買うかは個人の自由です。ただ、なかには絶対に買わないほうがいい投資信託というものもあります。それも含め、お客様側に立つ資産運用アドバイザーとしての選択基準を説明したいと思います。

選択基準1 純資産総額が極端に小さい投資信託は買わない

6000本近い投資信託のうち、ある基準を用いて足切りをすると、買える投資信託の本数は一気に減らせます。それが「純資産総額」です。

前述したように純資産総額とは、投資信託に組み入れられている株式や債券などを合計した時価総額のことで、2つの要因によって増減します。

ひとつは組み入れた株価や債券価格の値動きです。組入銘柄が値上がりすれば純資産総額は増加し、逆に値下がりすれば減少します。

もうひとつは設定・解約による増減です。投資信託を購入する人がいれば、その資金で株式や債券を買い付けして純資産総額が増加します。逆に解約する人がいれば、株式や債券を売却して資金が出ていくため、純資産総額は減少します。

このように組入銘柄の値上がり・値下がりと、資金の流出入の掛け算によって、純資産総額は増減しているのです。

私が実際に投資信託を選ぶ場合、純資産総額が極端に少ないものは候補から外します。実はこれだけで、買ってもいい投資信託を大幅に減らすことになります。

ここで多くの人が気になるのは、「それなら純資産額は最低いくらあればいいのか」だと思います。その基準として、まずチェックするのが繰上償還条項です。

繰上償還とは、信託期間終了前に運用が強制的に終了されてしまうことです。運用を継続するのが困難な状況、たとえば解約が相次いで資金流出が止まらなくなり、ポートフォリオが維持できなくなった場合に、受益者（購入者）から決を採ったうえで繰上償還が確定します。

繰上償還条項では、解約などによって受益権口数がどのくらいになった時に繰上げ償還されるか書かれています。その基準となる受益権口数が多くの投資信託において、30億口です。仮に1口あたりの基準価額が1円だとしたら、30億円が目安になります。1口あたりの基準価格が1・8円であれば、1・8円×30億口＝54億円が繰上償還されるかどうかのギリギリの純資産総額になります。

これを厳密に考えるのであれば、受益権口数を計算しなければなりません。計算は簡単で、純資産総額を1口あたり基準価額で割れば算出できます。

実務上は、純資産額50億円以上を目安としています。ちなみに2023年9月末時点で運用されている追加型投資信託（いつでも購入可能なタイプのこと。決められた募集期間しか購入できないのは単位型投資信託）は全部で5770本です。このうち純資産額が50億円未満を削除すると、買っていい投資信託の本数は１５３２本まで減らすことができます。

純資産総額別運用ファンド本数

1兆円以上	5本
1000億円以上1兆円未満	122本
100億円以上1000億円未満	922本
50億円以上100億円未満	483本
30億円以上50億円未満	469本
10億円以上30億円未満	926本
1億円以上10億円未満	1072本
1億円未満	332本

ETF、DC専用、SMAラップ、ブルベアは省く
2023年10月末現在

ただし、例外が２つあります。ひとつは、運用がスタートしたばかりの投資信託です。この場合は今後伸びる可能性もあるので、しばらく経過を見てからの判断としています。

もうひとつは、ファミリーファンド方式の投資信託で、「ベビーファンド」の純資産総額が小さい場合です。ファミリーファンド方式とは、投資家はベビーファンドと呼ばれる投資信託を購入しますが、実際の運用はマザーファンドと呼ばれる大元の投資信託でまとめて運用する方式のことをいいます。この場合は、ベビーファンドではなく、マザーファンドの純資産総額を確認することになります。

純資産総額が少ない投資信託は、繰上償還される可能性が相対的に高くなります。事実、業界大手の野村アセットマネジメントは将来的に運用ファンドの本数を半減させる方針を打ち出しました。その場合、純資産総額の小さい投資信託を中心に繰上償還されることが

十分に考えられるのです。

長期的な資産運用を前提にして購入した投資信託が、ある日突然繰上償還されてしまったら、その時点で利益や損失が確定してしまいます。また、改めて投資信託を選び直す必要もあります。せっかくの長期投資が台無しになってしまいます。純資産総額が小さい投資信託は候補から外したほうが良いでしょう。

選択基準2　資金流出が長期にわたる投資信託も買わない

純資産総額が仮に100億円あったとしても、それだけで安心してはいけません。同じ100億円でも、50億円程度から資金がどんどん流入してきて100億円に達したのと、もともと500億円くらいあったのに解約に次ぐ解約によって100億円になったのとでは、まったく違うからです。

投資信託を運用している担当者にとって何よりも怖いのは、実はマーケットの暴落ではないという話があります。

マーケットの暴落を事前に予測することはほぼ不可能ですし、今後も暴落することはあるでしょう。こうしたマーケットの価格変動リスクがあるのは当たり前であり、そうなった時の対応策は常に考えています。その後のリターンを考えると、むしろ腕の見せどころになるでしょう。

ただ一番困るのは、解約による資金流出です。

解約による資金流出は、投資信託の運用そのものに大きな影響を及ぼします。それもネガティブな影響を、です。

証券取引所に上場しているETFであれば、現金化したい人は市場で売却するため、組み入れている銘柄をいちいち売却する必要はありません。したがって、ポートフォリオそのものにネガティブな影響はありません。

一般の投資信託の場合は、解約注文が来ると組入銘柄の一部を売却して受益者の現金化ニーズに対応する必要があります。つまりポートフォリオの一部を取り崩さなければならないのです。これが運用に影響しないはずはありません。

想像してみてください。継続的に解約注文が出ると、その投資信託の運用担当者は、ポートフォリオに組み入れた銘柄をひたすら売り続けることになります。仮に有望な銘柄を見つけたとしても、新規資金でそれを組み入れることができなくなります。どうしても組み入れたい場合は、他の銘柄を売却して資金をつくり、投資するしかありません。

もちろん、この手の銘柄入れ替えは、資金流出局面でなくても行われています。しかし資金が安定しているか流入している場合ならまだしも、解約増によって資金が流出している局面での銘柄入れ替えは、あまり効果的とは言えません。

また株価の急落局面でも、資金が安定的に流入していれば、組入銘柄が安くなったところで買い増したり、あるいは割安になった有望銘柄を新規で組み入れることができます。それはいずれ株価が回復局面に入った時、ポートフォリオのリターン向上につながるはずです。ところが資金流出が続いていると、このようなことができず、株価が回復局面に入ったとしてもリターンが上がりにくくなってしまう恐れがあるのです。

継続的に資金が流出している投資信託は避け、資金が流入しているか安定している投資信託を選ぶようにしましょう。

では資金の流出入は、どうやったらわかるのでしょうか。純資産総額の増減で推測することもできますが、組入資産の値上がり・値下がりの影響も大きいことから正確に把握することはできません。

実は2つ方法があります。

ひとつは情報提供会社ウエルスアドバイザー社が提供しているデータを活用することです。同社サイトには「月次資金流出入」のデータが掲載されています。最長で過去5年の資金流出入状況がグラフで表示されています。

ウエルスアドバイザーのサイトで見られる「資金純流出入」の推移

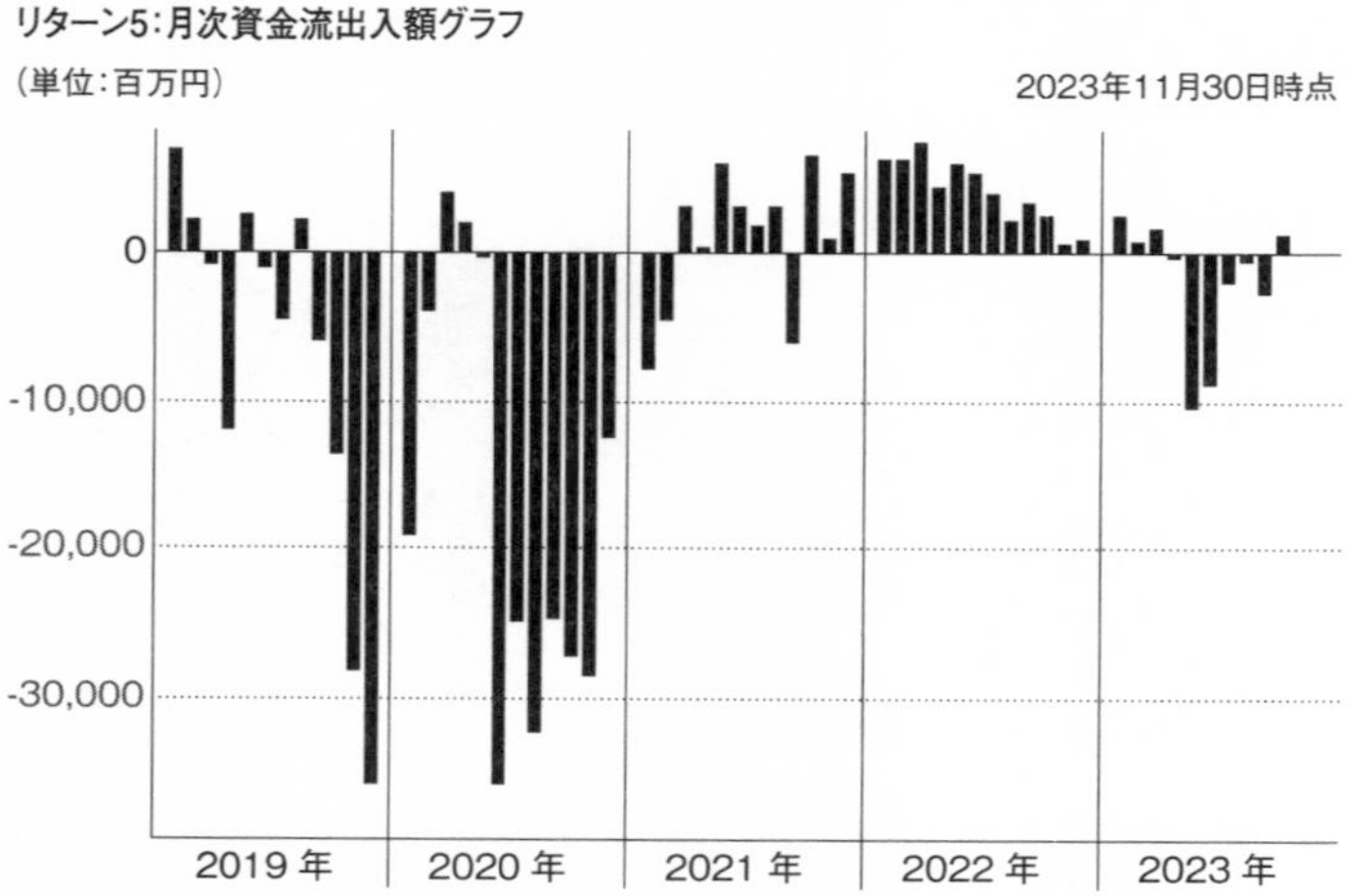

もうひとつの方法は、自分で計算することです。エクセルなどの表計算ソフトを使えば、比較的簡単にできます。

ただし自分で計算するためには、基準価額と純資産総額の時系列データが必要になります。これについてはヤフーファイナンスで取得できるものの、過去1年程度の短期データしか取れないので、目先の資金流出入状況しか把握できません。

自分で資金流出入を計算する時は、基準価額を1口あたり基準価額に計算し直し、純資産総額を1口あたり基準価額で割ります。そうすれば受益権口数が求められるので、その推移を見ます。受益権口数が減少傾向をたどっていたら、解約によって減少し、資金流出していると判断できます。

なお純資産総額の絶対額、ならびに資金の流出入は、インデックスファンドよりもアクティブファンドのほうがより重要です。

インデックスファンドは、あくまでも株価指数などに運用成績を連動させることを目標にしてポートフォリオを構築します。

そのため解約による資金流出が生じたとしても、株価指数先物取引などを活用することによって、株価指数に連動させるような運用が可能になります。純資産総額と資金の流出入は、アクティブファンドを買う時こそ、しっかりチェックするようにしてください。

選択基準3 アクティブファンドは最低3年運用しているものを選ぶ

投資信託は預貯金と違い、事前にリターン（利回り）は約束されません。特にアクティブファンドの場合、運用成果は投資先のマーケット動向だけでなく、投資方針や運用担当者の手腕によって大きく変わってきます。そこでアクティブファンドを選ぶ際は、まずは過去の運用実績を確認しましょう。もちろん、過去の運用実績が将来も続く保証はどこにもありません。過去1年のリターンが10％でも、次の1年はマイナス10％になることも十分に起こり得ます。将来のリターンがどうなるかは誰にもわらないのです。

ただアクティブファンドの場合、ベンチマークとなる株価指数との対比で良い運用が行われたかどうかを推察できます。

アクティブ型にとって「良い運用」とは、ある一定期間の運用においてベンチマークを上回るリターンを出せたかどうかによります。

仮にベンチマークが10％値上がりした時に運用実績が10％を超えていれば、良い運用ができたことになります。ベンチマークが10％のマイナスでも運用実績のマイナスがそれよりも小さければ、やはり良い運用ができたと考えられます。

ただしこれらを判断するためには、ある程度、長期の運用成績を見る必要があります。半年、1年程度の期間だと、たまたまその時期だけ株価が大きく上昇していたなどの理由で、リターンが出ていることも考えられます。そのような偶発的要因で運用の良し悪しを判断するのは危険です。

では、どのくらいの期間を見ればいいでしょうか。これも諸説ありますが、私は最低でも3年は見たほうが良いと考えています。

なぜ3年なのか。これはもっとも短い景気のサイクルは約40カ月程度だからです。「キチンサイクル」という、企業の在庫循環に規定された景気サイクルであり、株価をはじめとしてマーケットの値動きは景気の動向に左右される側面が強くあります。

したがって、特に景気の動向によって左右されやすい株式を組み入れて運用する投資信託を選ぶ時には、最低でも過去3年程度のベンチマークと基準価額の値動きを比較する必要があります。可能であれば5年、あるいは10年というように、長い期間の運用成績で比較することをお勧めします。

また、新しく運用がスタートする投資信託に飛びつくのは避けたほうが良いです。最近はやや落ち着いてきた感もありますが、かつては新しい投資信託が次々に設定された時期がありました。「新しい運用モデルを使った投資信託で高い運用実績が期待できます」「新規設定なので基準価額10000円で購入できます」など、目新しさや新規設定そのものがある種のセールストークに用いられたのです。

しかし、営業担当者が熱心に勧めてくる、新規設定のアクティブファンドに飛びついてはいけません。ある程度、運用実績や資金の流出入を確認してから判断するようにしてください。

インデックスファンドは例外です。インデックスファンドは、株価指数などに連動することを目標にしてポートフォリオを組むので、運用実績はインデックスに連動します。ただし、純資産総額や後述する総経費率もチェックする必要もあることから、新規設定のものは慎重に判断したほうが良いと思います。

新規設定の投資信託は、金融機関を選ぶ際のリトマス試験紙のようなものです。営業担当者が、サイトのフロントページで大々的に宣伝している新規設定ファンドを強力にプッシュしてくるようであれば、そっと離れるくらいでもいいと思います。

選択基準4 信託期間が無期限のものを選ぶ

投資信託は長期的な資産運用を行うためのツールです。信託期間が設けられていること自体いかがなものかと思いますが、実際に信託期間を設けている投資信託は結構あります。信託期間が10年の投資信託で、運用が開始されて7年が経過していたとしたら、運用できる期間はあと3年しかありません。このような投資信託を買うべきではないでしょう。

ただし、追加型投資信託で償還日が近づいた時点で純資産総額が大きいと、償還期間を延長するケースがあります。したがって、一概に償還日までの年数の短い投資信託がダメだというわけではありません。それでも「償還されるかもしれない」という不確定要素があることを考えれば、買わないほうが無難です。

投資信託で長期運用をしていくうえでは、信託期間を「無期限」にしている投資信託を選ぶようにしましょう。

選択基準5　分配金の考え方は千差万別

すでにご説明したように分配金とは、前回の決算日から今回の決算日までの運用によって生じた収益の一部を受益者に還元することです。

投資信託には分配金を支払うタイプと支払わないタイプがあります。どちらのタイプを選択するかは、個人個人の方針次第です。

これから資産を増やしていきたい資産形成期にある人は、分配金を支払わない方針の投資信託を選ぶようにしましょう。分配金を支払う投資信託の場合でも、分配金を再投資することで資産を増やしていくことは可能です。しかし、分配金には原則として20・315％の税金がかかりますので、再投資は税引き後の金額になり、税金の分だけ効率が悪くなってしまうのです。

元本を増やすのは、運用期間中にいっさい分配金を支払わないタイプの投資信託が一番効率的です。

一方、分配金を生活費や趣味などの費用に充てたい資産活用層は、分配金を支払う投資信託を選ぶのも手です。

ただし注意点がひとつあります。それは高額な分配金がもらえるからといって、必ずしも運用成績がいいわけではない点です。

分配金の原資は、前決算日から今決算日までの期中に得られた運用収益だけではありません。分配金を支払うのか支払わないのか、支払うのならいくらにするかは、投資信託会社が自由に決められるようになっています。

たとえば期中に1億円の運用収益が得られたとしても、5000万円だけを分配して残りの5000万円は内部留保しておくことも考えられます。そうすることによって運用がうまくいかなかった期があっても、分配金を払えるようにしておくのです。

分配金の支払いを継続するために、このような分配方法が認められているのです。内部留保された分配金は基準価額を押し上げます。つまり受益者が得るべき利益を、分配金として受け取るのか、それとも基準価額の値上がり益で受け取るのかの違いでしかありません。この点をよく理解しておく必要があります。

たとえば期中で得た運用収益が2000万円程度なのに、過去の内部留保を引き出して5000万円分を分配金として支払った投資信託があったとします。この投資信託を保有している人が、期中の利益だけなら2万円の分配金のところ、5万円をもらえるイメージです。おそらく多くの人は、「5万円もの分配金をもらえるなんて、なんて優秀な運用をしている投資信託なんだ！」と思うでしょう。

でも、それは大いなる誤解です。

高額な分配金が継続的に出ている投資信託は、基準価額がほとんど値上がりすることなく、むしろ値下がりしていくことのほうが多いのです。特に、毎月分配金が出ている投資信託には注意してください。

選択基準6　総経費率の低いものを選ぶ

これについては前述した通りです。投資信託のコストのうち、信託財産から差し引かれるものに信託報酬があります。資産運用はできるだけ低コストで行うほうが良いので、信託報酬もその料率が低いものを選ぶのが投資信託選びの常道です。

また、投資信託には信託報酬以外のコストもかかります。たとえば、監査費用や海外資産の管理費用、固定費などです。投資信託によっては各種資料の印刷費用や、インデックスファンドであれば連動目標とする株価指数のライセンス費用などが信託報酬と別でかかる場合もあるのです。

信託報酬は純資産総額に対して年率で決められるため、純資産総額の大小に関係なく負担率は同じです。

ところが固定費は定額負担になるため、純資産総額が小さいと相対的に負担割合が重くなります。

純資産総額100万円で固定費5万円だと負担率は5％になるのに対して、純資産総額が20万円なら5万円の負担率は25％にもなってしまいます。

こうした信託報酬率だけではわからないコスト負担を把握するためには、「総経費率」をチェックする必要があります。総経費率は運用報告書に掲載されているので、目を通すようにしてください。なお、2024年4月以降は、交付目論見書に総経費率も記載される予定です。

インデックスファンドの場合なら、連動目標である株価指数が同じであれば、純資産総額と信託報酬を含めた総経費率で選んでおいて間違いありません。

対してアクティブファンドは、信託報酬率が下がればリターンの向上につながるものの、最終的に大事なのは経費を控除した後の運用成績です。多少、信託報酬率が割高だったとしても、経費控除後の運用成績がよければ許容されるはずです（ただし、過去の運用実績が良かったから今後も良いという保証はありません）。

前述したように、アクティブ運用は企業リサーチなどに人員を割く必要があり、コストを下げるにしても限度があります。したがって、「アクティブファンドは、同じ資産クラスに投資する似たような運用コンセプトのファンド同士でコスト比較をする、でも参考程度にしかならない」と考えてください。

選択基準7　テーマ型は避ける

投資信託にはさまざまなタイプがあります。そのなかでも避けてほしいタイプがあります。「テーマ型」と呼ばれている投資信託です。

マーケット、特に株式市場においては、その時々で話題になるテーマがあります。過去を振り返ると、「IT」「バイオテクノロジー」「ヘルスケア」「地球環境」「水」「資源」「SRI」「AI」「ロボット」、といったテーマがありました。「SDGs」や「ESG」なども話題になりました。

この手のテーマが株式市場で話題に上ると、それに関連した企業の株式に投資する「テーマ型」が相次いで新規設定されてきました。

テーマ型投資信託を買わないほうがいい理由のひとつに、選択基準3でお伝えした通り、新規設定されたばかりだと運用実績がない点があります。

もちろん、長期間運用が続けられていれば、運用実績をチェックして買うかどうかを判断できます。ところがテーマ型投資信託は、一時的なマーケットでの話題に乗じて新規設定されるケースが多いため、テーマに新鮮味がなくなると人気がなくなり、成績も悪くなって解約が相次ぐ場合があります。解約が続いた末に繰上償還されてしまうこともあり、長期保有には適さない投資信託といっていいかもしれません。

「ITファンド」が人気化した当時、しばしば喧伝されたのは、「ITは第二の産業革命で今後100年という非常に長い時間をかけて世の中の構造を変えていく可能性があるから、長期投資に向いています」という殺し文句でした。

現実はどうなったでしょうか。ITバブルは2000年のことでした。それから20年以上が経過し、インターネットは私たちの生活に欠かすことのできないインフラになっています。インターネットを通じてモノがつながるIoTも現実化してきました。おそらくこれからも、ITを通じて世の中が大きく変わっていくでしょう。確かに、その意味では革新的かつ長期的なテーマだったと言えます。

しかしそれは現実社会における話であって、株式市場ではまったく異なる時間軸で、この手のテーマが消費されていきます。実際、ITバブルが2000年春先に崩壊した時、関連銘柄の株価は暴落しました。それを受けてＩＴファンドの運用実績も、投資した元本が半分、あるいは３分の１くらいまで目減りするほどの下落となったのです。当然、ＩＴファンドの多くが運用実績の悪化と急増した解約に耐え切れず、償還されていきました。当時、運用が開始されたＩＴファンドで今も運用が継続されているのは、おそらく２、３本くらいではないでしょうか。

そもそもテーマ型投資信託は、そのテーマが株式市場において話題になり、関連する企業の株式がどんどん買われてから設定されます。販売する証券会社は、テーマ型投資信託は「売りやすい」ので企画しますが、実際に販売、運用がスタートするまでは相応の時間がかかります。

その結果、テーマに即した企業の株式を組み入れる時点で、すでに株価は大きく上がっています。そんな時に設定される投資信託が大きく値上がりすることは難しいでしょう。むしろ、大きく買い上げられた株価は下落リスクが高まっていると考えたほうが自然です。もしかすると下げ方は、非常にきついものになるかもしれません。先のＩＴファンドは、まさにその典型的な事例といってもいいでしょう。

もしテーマ型投資信託を買うのであれば、極めて逆説的な考え方ですが、新規設定時に購入し、短期的に利益を狙う手があります。株式市場で話題になっている間に購入し、人気が離散する前に解約してしまうのです。

ただ、どうせ短期で利ザヤを狙うのであれば、投資信託よりも個別株式を狙ったほうが良いでしょう。日々の株価を見ながらより機敏に投資できると思います。

選択基準8 アクティブファンドは運用方針に注目

弊社では、お客様にお勧めするアクティブファンドは、実際に運用担当者にインタビューを行い、お勧めできるかどうかを吟味したうえで推奨するようにしています。

そこで、私たちがどのような視点でアクティブファンドを選んでいるのかという点についてお話したいと思います。

アクティブファンドの運用成果が常にベンチマークを上回るかどうかは、誰にもわかりません。前年の運用実績はベンチマークを大幅に上回ったのに、今年はベンチマークを下回ってしまうようなケースもあります。したがって、アクティブファンドを選ぶモノサシは、過去の運用実績はもちろんですが、運用方針に共感できるかどうかが大きいと私は思っています。

運用方針とは、わかりやすく言うと、「どういう視点で投資先を選定し、どのようなスタンスで運用していくのか」ということです。

たとえば「どういう企業に投資するのか」「ポートフォリオに組み入れる銘柄数は何銘柄程度なのか」「投資期間はどのくらいを見込んでいるのか」「ポートフォリオから外す場合は、どのような基準になっているのか」「運用体制はどうなっているのか」といった点を聞いていきます。

このような質問をすると、たとえば次のような答えが返ってきます。

「高い参入障壁を持つ、競争優位性の高い企業を選びます」

「ポートフォリオは30銘柄程度で構成します」

「成長期待が続く限り保有し続けます。基本的には長期保有で、銘柄入れ替えの頻度を極力少なくします」

「長期保有を基本にしていますが、短期間で株価が大きく上昇した場合や投資することを決めた理由が崩れた時は売却します」

「ファンドマネジャーに加えてアナリストが5人。それぞれのキャリアはこうで、ファンドマネジャーである私の運用歴は●年。これまでこういうファンドを運用してきました。運用しているファンドの本数は●本です」

質問に対する回答を聞き、それについて私自身が納得できるかどうかを考えます。それでも正直なところ正解はありません。

「どういう企業に投資するのか」という問いかけも、割安株投資こそ王道と思っている人にとって、成長株投資が受け入れられないのと同じです。逆に成長株投資こそが王道と思っている人からすれば、割安株投資をすんなり受け入れるのは難しいことでしょう。そういうレベルの話です。つまり、これらの答えに対して、自分自身が腑《ふ》に落ちるかどうかという点を重視しています。

唯一、これらの質問で正解があるとしたら、「ポートフォリオに組み入れる銘柄数は何銘柄程度なのか」という問いに対する答えでしょう。

アクティブファンドの場合、組入銘柄がベンチマークとしている株価指数とどのくらい違うのかによって、存在価値は変わります。ベンチマークとほとんど変わらない銘柄だったら、アクティブを名乗る意味がないのです。

アクティブファンドのポートフォリオが、どの程度ベンチマークと違うのかを定量的に見る数値があります。「アクティブ・シェア」がそれで、0%~100%で示されます。ベンチマークとまったく同じだと、アクティブ・シェアの数値は0%になり、100%に近づくほどアクティブの度合いが強まることになります。

アクティブ・シェアを公表している投資信託もあれば、していない投資信託もあります。そのため、この評価軸でアクティブファンドを横一列で比較することはできません。そこでアクティブ度の高い投資信託を選ぶひとつの目安として、「組入上位銘柄と組入銘柄数」があります。

まず、組入銘柄上位と対象となるベンチマークの時価総額上位を比べて、あまり変わらないようだとアクティブファンドといえども、インデックスファンドに近くなります。また、アクティブ型で組入銘柄数が200を超えるような投資信託は、その値動きがベンチマークである株価指数に近づいてしまう傾向が見られます。逆に組入銘柄数を30銘柄程度まで、いわゆる集中投資を旨とする運用している投資信託は、総じてベンチマークとは乖離《かいり》した値動きになるケースが多く見られます。

したがってアクティブファンドを購入する場合、どんな銘柄が組入上位なのか、組入銘柄数はどの程度にしているのかは重要なポイントです。この2点は、運用報告書や運用レポートに記載されているのでチェックすることをお勧めします。

実質的にベンチマークとほぼ同じような中身になっているアクティブファンドは、「隠れパッシブ」とか「なんちゃってアクティブ」と言われることがあります。どうせアクティブファンドを買うのであれば、たとえベンチマークを一時的に下回ることがあっても、アクティブ・シェアが高いものをポートフォリオに組み入れたほうが、分散投資効果が機能するのではないかと思っています。

最終的にアクティブファンドを選ぶポイントとしてもっとも重要視しているのは、運用担当者の投資方針や信念、つまりポリシーを信じられるか、ポリシーに共感できるのか、という点です。

投資信託は基本的に長期で保有するものです。長期間保有する間には基準価額が大きく上昇する時もあれば、値下がりする時もあります。

もし運用担当者を信じられない、あるいは共感できないにもかかわらず、目先の運用実績が良かったから程度の理由だけで購入すると、成績が少し悪くなったり、短期間のうちに大きく値上がりしたりした時、すぐに解約したくなります。それでは、わざわざ高いコストを払ってアクティブファンドを購入する意味がありません。

これまで申し上げてきたこととやや矛盾するかもしれませんが、アクティブファンドの場合、多少、短期的な運用成績が悪かったとしても、運用担当者が掲げているポリシーに共感し、その運用担当者が強い信念を持ってブレずに運用していると判断できれば、投資し続けるのに値すると考えています。

選択基準9　「ファンド・オブ・ザ・イヤー」のファンドをチェックする

投資信託を表彰するアワードがいろいろ設けられています。「R&Iファンド大賞」「ウエルスアドバイザー　ファンドオブザイヤー」「リフィニティブ・リッパー・ファンド・アワード・ジャパン」「投信ブロガーが選ぶ！　Fund of the Year」などが大きなところです。このうち投資家の皆さんにとって参考になると思うのは、「投信ブロガーが選ぶ！　Fund of the Year」です。

R&Iやウエルスアドバイザー、リフィニティブ・リッパーなどは、いずれも投資情報サービスや格付情報などを提供している会社が主宰しています。それぞれの評価軸でもって、その年に優れた運用実績を収めた投資信託を表彰しているのです。

「投信ブロガーが選ぶ！　Fund of the Year」は文字通り、投資信託に関してブログを書いている人たちからの投票によって、つまり、投資家側から見てその年もっとも注目された投資信託が表彰されるものです。第1回目が2007年で、かれこれ18年間も続いています。表彰式は毎年1月に開催され、直近では2024年1月に「投信ブロガーが選ぶ！　Fund of the Year2023」と銘打ち、結果が発表されました。

ちなみに1位から20位までのランキングは左の表の通りになっていて、上位はインデックスファンドで占められています。このうちアクティブファンドは、「結い２１０１」「ひふみ投信」「農林中金〈パートナーズ〉長期厳選投資　おおぶね」「セゾン・グローバルバランスファンド」「ＳＯＭＰＯ１２３先進国株式」「コモンズ30ファンド」の６本だけです。それ以外はすべてインデックス型投資信託です。インデックスファンドの昨今の定着ぶりが顕著ですね。

「投信ブロガーが選ぶ！　Fund of the Year」は、純粋に投資家が選んでいる点が、一番のポイントです。まさに投資家目線で選ばれた投資信託が毎年、ここに上がってきます。長期にわたって表彰されている投資信託は、投資家からの支持が厚いと考えることができます。２００７年から直近までの表彰された投資信託を見ることもできますので、よろしければ一度検索してみてください。

投信ブロガーが選ぶ！ Fund of the Year2023 投票結果

1位	eMAXIS Slim 全世界株式（オール・カントリー） 三菱UFJ アセットマネジメント	180pt 67名
2位	〈購入・換金手数料なし〉ニッセイ外国株式インデックスファンド ニッセイアセットマネジメント	61pt 27名
3位	eMAXIS Slim 米国株式（S&P500） 三菱UFJ アセットマネジメント	37pt 18名
4位	バンガード・トータル・ワールド・ストック ETF バンガード グループ	25pt 12名
5位	eMAXIS Slim 全世界株式（除く日本） 三菱UFJ アセットマネジメント	20pt 10名
6位	eMAXIS Slim 先進国株式インデックス 三菱UFJ アセットマネジメント	20pt 9名
7位	結い2101 鎌倉投信	19pt 9名
8位	たわらノーロード 先進国株式 アセットマネジメント One	17pt 8名
9位	eMAXIS Slim バランス（8資産均等型） 三菱UFJ アセットマネジメント	14pt 7名
10位	ひふみ投信 レオス・キャピタルワークス	12pt 6名
11位	農林中金〈パートナーズ〉長期厳選投資 おおぶね 農林中金全共連アセットマネジメント	11pt 5名
11位	楽天・全米株式インデックス・ファンド 楽天投信投資顧問	11pt 5名
13位	はじめてのNISA・全世界株式インデックス（オール・カントリー） 野村アセットマネジメント	9pt 4名
14位	セゾン・グローバルバランスファンド セゾン投信	7pt 5名
15位	SOMPO123 先進国株式 SOMPO アセットマネジメント	7pt 4名
16位	コモンズ30ファンド コモンズ投信	6pt 4名
17位	楽天・全世界株式インデックス・ファンド 楽天投信投資顧問	6pt 3名
18位	楽天・インデックス・バランス・ファンド（均等型） 楽天投信投資顧問	6pt 2名
18位	〈購入・換金手数料なし〉ニッセイNASDAQ100インデックスファンド ニッセイアセットマネジメント	6pt 2名
20位	SBI・V・米国増配株式インデックス・ファンド SBI アセットマネジメント	5pt 2名

第5章

より有利に運用するためのアイデア9選

新ＮＩＳＡは最短最速で１８００万円を積み上げる

投資信託で有利に資産を運用するためには、何はともあれ２０２４年1月からスタートした新ＮＩＳＡを活用することをお勧めします。

楽天証券がサイトを通じて提供している、誰もが無料で使える「積立かんたんシミュレーション」を用いて計算してみます。つみたて投資枠のみ、毎月10万円ずつ積み立て投資をしたとしましょう。

仮に、運用する際のリターンを年率５％と仮定します。

この条件で積み立てた場合、１８００万円の非課税投資枠を満たすのにかかる期間は15年間です。毎月10万円ずつ積み立てたお金を年率５％で運用し、15年にわたって積立を続けた場合、運用収益も含めた最終的な資産総額は２６７２万８８９４円になります。

投資元本は１８００万円なので、15年間の運用で得られた利益は８７２万８８９４円になります（年５％確定利回り、年1回複利、手数料なしを前提とした試算であり、実際の投資では毎年のリターンはばらつきますのでこの通りの結果にはなりません）。

通常は、利益に対して20・３１５％が課税されるので、１７７万３２７５円が税金として差し引かれます。結果、課税口座による運用の場合、最終的に受け取れるお金は２４９５万５６１９円となります。１７７万円もの差は結構大きいですね！　それだけ新ＮＩＳＡを活用した場合の効果は大きいのです。

新ＮＩＳＡを最大限有効活用するための原理原則、それは「最短最速で１８００万円を積み上げる」です。具体的な金額で考えてみましょう。

仮に、毎月30万円の積立投資が可能であれば、１８００万円の非課税限度額を5年で満額投資できることになります。この場合、さきほどと同じように年率５％、年1回複利で運用したとすると、５年後には約２０４０万円、それをあと10年運用すると約３３６０万円になります。月10万円積み立てを15年続けた時が２６７２万円ほどでしたので、約６８８万円もの差が出ることになります。

実際には、毎月30万円の積立投資ができる人は少ないと思います。仮に月5万円なら可能だとすると、１８００万円の非課税限度額を投資しきるのに30年かかることになります。若い人ならそれでいいと思いますが、さすがに50代や60代の方だとちょっと時間がかかり過ぎですね。そこでお勧めしたいのは、「特定口座で運用している資産があれば、それを売却して新ＮＩＳＡ口座で運用する」方法です。

たとえば、特定口座で運用している投資信託が２５０万円（投資元本２００万円、含み益

50万円）あるとしましょう。特定口座のまま年率5％、年1回複利で15年間運用を続けた場合、528万4260円になります。その時点で解約すると、税引き後の手取り額は461万7063円となります。仮に、現時点で売却して新NISAで運用し直すとしたら、税引き後の売却代金は239万8425円、そのうち239万円を新NISA口座で同じ運用を続けた場合、15年後は505万1753円となります。15年後の手取り額で44万円ほどの差が出ることになります。

特定口座の資産を売却して新NISA口座で運用する場合、一括投資が可能な成長投資枠を利用するのが良いと思います。すでに運用している資産から移行する場合には、売却してから買い直すまでの時間をできるだけ短くするほうが、価格変動リスクと機会損失を小さくすることになるからです。

新NISA口座を利用していくうえでの留意点もお伝えしておきます。2023年までの旧NISAと大きく変わった点として、「枠の再利用ができる」点があります。「十分な利益が出たので違う商品にしたい」ニーズに応えることができるのは大きなメリットです。ただし、空いた枠を再利用できるのは翌年になることを覚えておいてください。もし年の初め、たとえば1月とか2月に売却したとしたら、空いた枠を利用して投資できるのは、あくまで翌年なので1年近く待たねばなりません。

また、仮に新ＮＩＳＡ口座で投資した商品で損してしまった場合、特定口座のような損益通算はできません。損してしまったら何の得もないのです。この点を頭に入れて銘柄を選択するようにしてください。

ＮＩＳＡ口座で毎月30万円を積み立てると、年率5％運用で5年後には２０４０万円、そのまま15年間運用を続けると、20年間の投資で約４３１１万円になります。夫婦２人でフル活用すれば合計８６００万円以上の資産になります。ほとんどの方はＮＩＳＡを活用するだけで老後のお金の心配はなくなると思います。「最短最速で１８００万円を積み上げる」、ぜひ可能な限り活用してください。

（ここの章でお示ししている数字は、年5％確定利回り、年1回複利、手数料なしを前提とした試算です。実際の投資にはリスクがあり、リターンは毎年ばらつきますので、この通りの結果にはなりません）。

新ＮＩＳＡとｉＤｅＣｏを併用する

新ＮＩＳＡに加え、私たちはもうひとつの非課税制度を利用できます。「確定拠出年金制度」です。確定拠出年金とは、「拠出する時は確定、受け取る時は運用成果によって額が違う」、私的な年金制度です。運用する商品は、預金や保険などの元本確保型商品と価格変動商品である投資信託で、拠出した掛金をどの商品で運用するかは自分で決める仕組みです。

確定拠出年金は、企業が福利厚生を目的に導入する「企業型確定拠出年金」（企業DC、401k）と、個人で加入する「iDeCo（個人型確定拠出年金）」があります。

前者は、掛金は企業が拠出して、その運用指図は加入者が行います。

後者は自営業者、公務員、会社員、専業主婦などが加入して、個人が掛金を拠出・運用します。

ここでは、確定拠出年金の詳しい仕組みについては割愛しますが、せっかくの非課税制度なので、ぜひ活用してほしいと思います。よく「新NISAとiDeCoのどちらを使えば良いのか」といった二者択一的な質問を受けます。私はどちらか一方ではなく、両方とも利用すれば良いと思います。なぜなら、それぞれにメリット、デメリットがあり、相互補完の関係でもあるからです。

新NISAは成人であれば誰でも利用できます。自分で金融機関を選び、商品も自分で選ぶ自由があります。またお金が必要になった時は、いつでも解約することができます。

対してiDeCoは、対象となる商品は限定的です。企業DCだと、企業が用意した商品のなかからしか選択できません。また、あくまでも年金制度なので、原則として60歳に達しなければ解約、受給ができません。

両者の大きな違いは「何が非課税になるか」です。新ＮＩＳＡの場合、非課税になるのは運用益です。一方、確定拠出年金だと、掛金（拠出金）、運用益、年金を受け取る時の3つのシーンで税制優遇があります。企業ＤＣの場合、掛金はそもそも給与ではなく、会社が役職員個々人に福利厚生費として拠出します。したがって所得税や住民税、さらに社会保険料もかかりません。ｉＤｅＣｏの場合は掛金全額が所得控除となりますので、年末調整で所得税と住民税が還付されます。

また、ＮＩＳＡも確定拠出年金も運用益が非課税になる点は同じでも、確定拠出年金は60歳以降に受け取る際にも税制優遇があります。受け取る時は、

①一時金として一括で受け取る
②年金方式で受け取る
③一時金と年金方式を組み合わせて受け取る

の3つから選択します。一時金として受け取る場合は「退職所得控除」、年金方式で受け取る場合は「公的年金等控除」が受けられます。

ただし、拠出した掛金も課税対象になることがあること、会社からの退職一時金や確定給付年金がある人、働き方や勤続年数によっては有利な受け取り方が変わってくるケースがあることなど、留意点もあります。結構複雑な場合もありますので、税理士などにご相談することをお勧めします。

また、投資できる金額にも大きな違いがあります。毎月の金額で考えた場合、新NISAは最大月30万円、確定拠出年金は企業DCだと月5万5000円、iDeCoだと自営業者等は6万8000円、他に企業年金がない会社員の場合は、月2万3000円です。

このように新NISAと確定拠出年金は、特性やメリット、デメリットに違いがあり、補完関係にあるともいえます。資金的に余裕があれば、両方の併用がもっとも望ましいといえます。

預金は360万円あればいい

投資信託などのリスク資産で運用する場合、気になるのは現在の資産のうち、どのくらいを振り分ければいいかだと思います。

「投資は余裕資金で」と言われますが、実際どの程度を目安にすればよいのかお伝えしましょう。

いまある資産のうち、絶対に投資に回してはいけないお金があります。それは、万が一収入がなくなっても1年程度は生活できるくらいのお金です。どんなに健康でバリバリ働いている人でも、事故にあったり、急遽退職せざるを得ない状況になったりして一時的に収入が途絶える可能性があります。そんな事態に備えて、1年間程度の生活費は安定資金として預金で置いておく必要があります。毎月の生活費が30万円なら360万円は手元に置いておかねばならないお金だと認識してください。

近い将来使う予定のお金も、投資に回さないようにしましょう。3年後の子供の大学入学費用とか、結婚資金や住宅購入の頭金など、大きなお金が必要になるライフイベントは人生のなかで幾度もあります。このように、おおむね3年以内に使う予定のあるお金も外しておきます。

この2つを除いたうえで残ったお金は余裕資金ですので、投資に回しても大丈夫です。投資に回してもよい金額が把握できたとして、実際にどの程度投資に回すかは、次のような考え方を参考にしてください。

全金融資産が1000万円あり、そこから1年分の生活費、今後3年で使う予定のお金を除いた残りが500万円だったとします。このうち投資信託を50万円分だけ購入したとしましょう。この場合、余裕資金である500万円のポートフォリオは、投資信託が50万円で、安全資産が450万円になります。仮に投資信託が大きく値上がりして2倍になったとしても、余裕資金全体の評価額は500万円から550万円に増えただけに過ぎません。

一方、50万円投資した後、マーケットが大混乱して暴落し、25万円まで値下がりしたとしても、500万円が475万円に減るだけで済みます。

もし、500万円の余裕資金を全額、投資信託に入れて半分になったら、250万円に目減りしてしまいます。半面、倍になれば500万円が1000万円と大幅に増やすことができます。

このように、リスク資産にどの程度投資するのかによって、余裕資産全体のリスクをコントロールすることが可能です。本格的に運用する場合は、さまざまな資産クラスに分散投資することでリスク分散を図ります。しかし初めて投資信託を購入する人にとっては、かなりハードルが高くなります。それでも余裕資金の額を割り出し、そのなかで投資する金額を調整することはわりと簡単にできると思います。自分がどのくらいの損失までなら耐えられるのかによって、投資する金額を考えればいいでしょう。

ベースは「オルカン」

前述したように、投資信託にはさまざまな種類があります。ざっと挙げても株式型と債券型、あるいは複数資産を組み合わせたバランス型、そのなかで国内株式や国内債券に投資するタイプ、海外の株式や債券に投資するタイプ、それらを組み合わせた国際分散投資型、米国や欧州、アジアなど特定の国や地域の株式や債券に投資するタイプといった具合に、その種類は非常に多岐にわたります。

初めて投資信託を買う人にとっては、この種類の多さがハードルになるといってもいいでしょう。一体、何を買えばいいのかわからない、そんな時どうすればいいのでしょうか。

投資信託で資産運用をする場合、まず真っ先に検討して欲しいタイプがあります。それは全世界の株式に投資するタイプです。詳しくは後述しますが、1本代表的なものを挙げるとすると、三菱UFJアセットマネジメントが設定・運用している「eMAXIS Slim全世界株式（オール・カントリー）」でしょう。純資産総額が1兆8205億6600万円（2023年12月29日現在）もあるファンドです。

この投資信託は、その名の通り全世界の株式に分散投資します。「MSCIオール・カントリー・ワールド・インデックス」という、先進国23カ国と新興国24カ国の大型株式と中型株式で構成されている株価指数に連動させるインデックスファンドです。この投資信託を1本持つだけで世界中の株式に投資できる、言い換えれば、世界経済の成長を自分の資産に取り込むことができるのです。

国際連合の推計によると、世界人口は2022年11月15日に80億人に達しました。西暦1500年頃は5億人だったことを考えると、近年は物凄いペースで人口が増えていることがわかります。今後、世界の人口は2050年に約97億人、2086年には約104億人になると推計されています。

世の中にはさまざまな推計値があります。このなかでも人口推計は、もっとも正確に未来を推測できる推計値と言われています。つまり前出のような数字が出ている以上、世界人口はほぼ確実に100億人を突破するのです。

世界の人口が増えるとどうなるでしょうか。人口が増えれば、それだけモノやサービスの消費も増え、世界の経済は拡大していきます。世の中のモノやサービスをつくり出しているのは、世界中の企業です。

人口が増え、経済が拡大してゆくのであれば、世界の企業の利益の総和もどんどん増えていくはずです。株式会社の利益が2倍になれば株価も2倍、利益が3倍になれば株価も

世界人口の推移と将来推計（国連　単位：100万人）

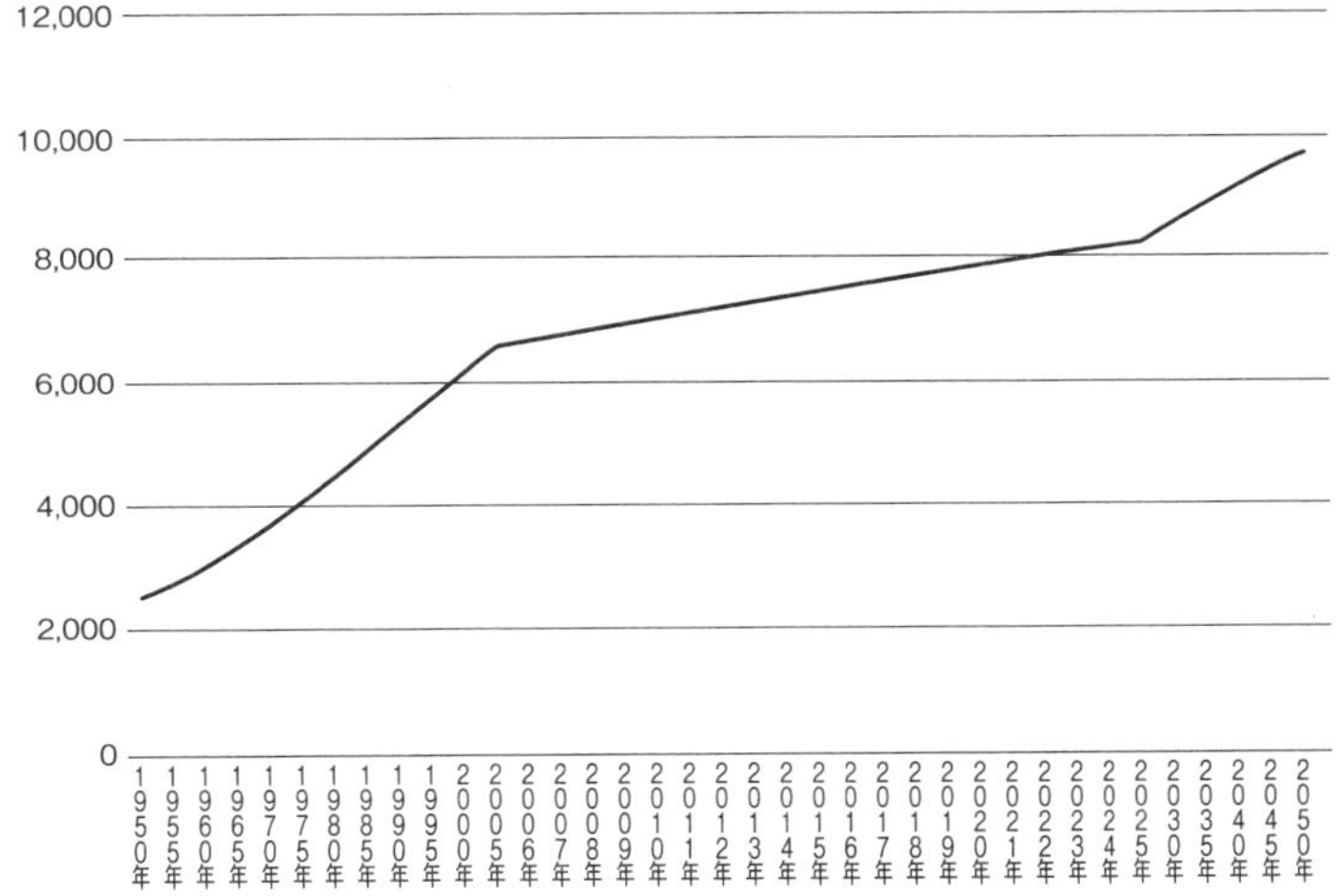

３倍になります。これは昔から変わらない真理といってよいでしょう。世界の企業の利益が増えて株価が上昇するのであれば、ＭＳＣＩオール・カントリー・ワールド・インデックスのような世界中の株式に投資したのと同じ値動きをする投資信託は、当然ながら値上がりしていきます。資本主義が否定されない限り、世界の株価が上昇することに蓋然《がいぜん》性があるのです。

世界の株式市場に連動する投資信託を１本持っておけば、長期的には世界経済の拡大にともなう恩恵を享受して、自分の資産も増えていくと考えられるのです。

ポートフォリオは人それぞれ

ロボアドが人気を集めています。保有している金融資産の額、保有資産の内容、年齢、家族構成、リスク許容度など所与のデータを打ち込んでいくと、それらをＡＩによって分析したうえで最適と思われるポートフォリオを自動生成してくれるものです。

ＡＩなどを使って分析するというと、何となく確実な提案をつくってくれるようにも思えます。

ただ、私はファイナンシャルアドバイザーという仕事をしていることもありますが、ロボアドだけで個人個人にふさわしい運用ができるかというと、そうは思えないのです。わずか数分、数個の質問で個人の状況や性格を把握して、その人に合ったポートフォリオを構築し、その後もその人にふさわしい運用を続けていけるとは思えないのです。私は、相談者の現状や課題、性格や資産運用の目的などを、対話を通じて正しく把握、理解したうえで、ポートフォリオを構築していくほうが良いと思っています。

ポートフォリオは、投資の目的や家族構成、収入や支出、どのくらいのリスクが許容できてどれくらいのリターンが欲しいのかなどに応じて異なるのが当たり前です。

雑誌などに「40代男性、４人家族、年収７００万円」といったペルソナ（仮名）を提示したうえで、「その人に合ったポートフォリオはこれです」といった記事が掲載されることがあります。これも鵜呑《うの》みにしてはいけません。年齢と家族構成、年収程度の要素で自分と似ている境遇だから、同じようなポートフォリオにしてもいいだろうと判断するのは早計です。

たとえば60歳の男性が２人いたとします。Aさんの定年は65歳で、残り5年間で資産を積極的に増やしていきたいと考えています。となれば、ポートフォリオに組み入れる投資信託は分配金が出ないタイプか、少なくとも分配金再投資コースを選択したほうが良いです。

でもBさんは、60歳で退職金を受け取り、今後はアルバイトでお小遣いを稼ぎながら生活していきたいと考えているのであれば、生活費の足しにするために退職金を運用して収入を得たいと思うのではないでしょうか。

その場合は、Aさんのように資産を増やすことを重視したものではなく、運用資産からインカムゲイン（収入）を得られることを重視したポートフォリオを構築することになります。

いずれにしても、どの程度のリスクなら許容できるのか、何を目的に運用するのかについては、人によって異なります。それらをしっかり認識したうえで投資信託を選び、ポートフォリオを構築する必要があると思います。

ポートフォリオは定期的に見直すこと

30代、40代で、これから資産を形成していく局面であれば、ひたすら資産形成に適した投資信託で運用していけば良いのです。50代、60代になり、運用資産がそれなりの金額になってきたら、株式を組み入れて運用する投資信託だけでなく、先進国債券、国内ＲＥＩＴ、先進国ＲＥＩＴ、金（ＧＯＬＤ）といった他の資産クラスを組み入れてリスクを分散させる必要があります。

一度決めたポートフォリオでも不変なものではなく、状況に応じて見直していく必要があるのです。

30代の資産形成期から、前述のＭＳＣＩオール・カントリー・ワールド・インデックスに連動するインデックスファンド１本で積立投資してきた人がいるとします。この人が60歳になって、ふと気づいたら、その投資信託だけで評価額が３０００万円を超えていたとしましょう。

しかし預貯金は350万円しかありません。株式に投資しているリスク資産が3000万円、預貯金に350万円という資産構成は、さすがにいかがなものでしょうか。世界の株価が順調に値上がりしている局面であれば問題はありません。もしリーマンショックの時のように世界中の株式が暴落したらどうなるでしょうか。株価が半値になってしまうかもしれません。せっかく3000万円まで増えた資産が一気に1500万円まで目減りしたら、これはかなりのショックでしょう。

このような暴落に直面した時の年齢が30代半ば、40代前半くらいであれば、月々の収入があります。さらに長期的に投資し続けることで、ちゃんと資産を増やすことができると思います。しかし60歳を超えてから資産を大きく減らしてしまうと、取り返すのも時間がかかることから焦りにつながりかねません。その暴落の直後に大きな資金が必要なことがあれば支払いに窮してしまうことにもなりかねません。

ライフステージが変われば運用も変わります。双子の子供がいて2人とも3年後には大学に入学するのであれば、今ある500万円のうち400万円をリスクの高い投資信託で運用するのは避けなければなりません。2年後、3年後という近い将来に必要な資金は、安全資産として預貯金においておきましょう。

また、たとえば相続により3000万円、5000万円という資金が入ってきたとしたら、これも運用を見直す必要があります。多額の資金を運用するのであれば、さまざまな資産クラスを組み入れて分散投資をする必要があります。ライフステージが変わればポートフォリオも変わるものなのです。

もうひとつ、長期的に運用していくうえで、ずっとほったらかしにするのは良くありません。一定期間ごとに内容を確認し、必要であればポートフォリオを見直していくほうが良い結果が得られることがわかっています。資産や商品の値上がり値下がりをチェックしてバランスを調整していくのです。これをリバランスと言います。

仮に、1000万円の資金を次のように分散して運用していたとします。カッコ内は組入比率です。

国内株式…………200万円（20％）
海外先進国株式……400万円（40％）
海外先進国債券……300万円（30％）
金…………………100万円（10％）

このポートフォリオで1年間運用した後、それぞれの値上がり値下がりによって評価額が次のようになりました。

国内株式…………300万円

海外先進国株式……600万円
海外先進国債券……200万円
金……………60万円

合計の評価額は1160万円です。すると、それぞれの資産の組入比率は次のようになります。

国内株式…………26%
海外先進国株式……52%
海外先進国債券……17%
金…………………5%

当初の組入比率に比べ、国内株式は6%増、海外先進国株式は12%増、海外先進国債券は13%減、金は5%減です。元の比率から大きくずれた分を調整する、つまり値上がりした資産クラスの一部を売却し、その資金で組入比率が下がった資産を買い足すのです。

これはかなり極端な例です。しかし長期間運用を続けると特定の資産クラスが大きく値上がりする一方、別の資産クラスが値下がりして当初の組入比率と大きく違ったものになるケースがあります。それを放置しておくと、自分に合った運用ではなくなってしまい、取ってはならないリスクを取ってしまうことになりかねません。1年に1度で結構ですから、定期的にチェックを行い、必要があればポートフォリオを見直すほうが良いのです。

資産活用層は取り崩しも視野に入れる

資産形成がなぜ、多くの人の関心を集めるのでしょうか。何年か前に話題になった「老後2000万円問題」をきっかけに、「老後のお金を準備しよう」と考える人が多くなったからのように思います。

日本には、国民年金や厚生年金といった公的年金制度があります。しかし、おそらくこれからは、それだけでは豊かな老後を過ごすことは難しくなっていくでしょう。健康で自由に働けるうちに資産を形成し、60代後半や70代になったら、築いてきた資産を活用して老後の生活資金に充てることを考える必要があるのです。

ここでひとつ注意しておきたいのは、資産を活用する年代になったからといって、運用を止めてはいけないということです。

かつて「60歳になったらリスク資産での運用を止めて、全額を預貯金のような元本安全性の高い金融商品で運用する」と言われた時もありました。しかし、それは預貯金の利率が年5%とか6%もあった時代の話であり、今は、そんな高い利率の預貯金はありません。

しかも、これからはインフレにも備える必要があります。長らく続いたデフレから脱却し、適度なインフレが続く可能性が出てきています。とすると、預貯金だけでは実質的なお金の価値は下がっていくことになります。それを防止するためには資産運用を継続する必要があるのです。

つまり運用を継続しながら、運用資産を少しずつ取り崩して生活資金に充てていくのです。一部を取り崩したとしても、大部分は運用を継続していますから、「資産寿命」を延ばすことができるのです。

そこで運用を継続しながら、資産を取り崩す方法を考えなければなりません。方法は2つあります。

ひとつは「定期売却サービス」を利用する方法です。あらかじめ指定した金額や率によって投資信託の一部を解約して、自動的に現金化してくれます。

定期売却サービスを利用して取り崩しを行っていく場合、定額指定か定率指定かを選ぶことになりますが、「資産寿命をできるだけ延ばす」という観点からは定率指定での引き出しが有利です。

定額指定だと、運用している投資信託が値下がりしても一定額を引き出してしまうため、資産の目減りが早くなります。対して定率指定は、投資信託が値下がりした時の引き出し額は少なめに、そして値上がりした時の引き出し額は多めになります。一定の期間で比較した場合、後者のほうがより長く資産を持たせることができる、つまり資産寿命を延ばすことができるのです。

ただし、定額か定率かにかかわらず、資産が徐々に減っていくことは同じです。人の寿命が尽きる時に資産寿命も尽きるのであれば最高ですが、そううまいこと行くかどうかは「神のみぞ知る」ですね。

そこで、資産を活用してセカンドライフを楽しむ時期が来たら、運用資産から定期的に収入を獲得できるようにポートフォリオを変更するのも一案です。私のおススメはＥＴＦでポートフォリオを組むことです。

ＥＴＦとは、日本語では上場投資信託といいます。文字通り、投資信託の一種ですが、一般の投資信託と大きく違う点が2点あります。

一点目は証券取引所に上場しているので、株式などと同じようにその時点での値段やマーケットを見ながらリアルタイムで売買ができる点です。一般の投資信託を購入・解約する場合は、1日1回、その日か翌日以降の値段になるので、あとにならないといくらで約定できたのかはわかりません。

さらに、ＥＴＦは保有している純資産価値（インディカティブＮＡＶ）を15秒ごとに計算し、公表しています。これにより市場で取引されている値段が適正かどうかわかり、より効率的な売買が可能となります。

二点目は、東京証券取引所に上場している国内ETFは、「透明なルールに基づいて分配金が支払われている」点です。資産から収入を得たい活用層にとって、この点が大きなメリットです。詳しくお話しましょう。

一般の投資信託の分配金は、投資信託会社の裁量で決めることができるため、期中で獲得した収益以上の分配金を出すことがあります。無理な分配金を続けると、いずれ分配金の引き下げや基準価額の下落につながります。いわゆるタコ足配当は、投資元本をどんどん取り崩してしまっていることになるのです。

この点、国内ETFの分配金は、期中に得られた利子や配当金から経費を差し引いた全額を投資家に分配すると決められています。したがって、いくら分配金にするのかという点について投資信託会社の裁量が入り込む余地はなく、投資家にとって極めて透明性の高いものになっているのです。

運用資産が2000万円あったとしましょう。これをETFで運用し、その分配金利回りが年4％だとしたら、得られる分配金は年間80万円（税別）になります。月額にすると6万6700円です。「老後2000万円問題」は、高齢者無職世帯の平均的な家計収支において毎月5万4520円が不足する。老後を30年とした場合、約2000万円が不足するという話でした。もし年4％の分配金利回りが得られるＥＴＦポートフォリオを構築、運用できれば、その不足額を補って余りあるだけのキャッシュを受け取ることができるのです。

資産活用期に入った人は、「いかに資産寿命を延ばすか、いかに資産を活用してキャッシュを得るか」が重要になってきます。ＥＴＦや後述するリートでの投資も検討するのが良いと思います。

ＲＥＩＴで高い分配利回りを狙う

ＥＴＦと同様に高い収入を期待できる投資信託として、Ｊ-ＲＥＩＴを取り上げておきましょう。

もともとＲＥＩＴは米国発の投資商品です。ＲＥＩＴはReal Estate Investment Trustの略称で、不動産投資信託のことです。日本では2001年から東京証券取引所に上場されました。

投資家などから集めた資金で投資対象を買い付けてファンドに組み入れる点で、投資信託もJ-REITも同じです。ただしJ-REITは「投資法人」という法人格を有しています。つまり「不動産投資を専業としている会社」といってもいいでしょう。

その投資法人が発行している「投資口」、株式会社の株券に相当するものを取引所に上場し、誰もが自由に売買できるようにしているのです。株価に該当するのが「投資口価格」で、取引所が開いている間、株価と同じように売買されています。

J-REITは、投資口を発行することによって調達した資金や投資法人債という社債を発行して調達した資金、銀行借入によって調達した資金でさまざまな不動産に投資します。具体的には、オフィスビルやショッピングセンターなどの商業施設、ホテル、倉庫などの物流施設、住居、ヘルスケア施設などに投資し、そこから得られる家賃収入を分配金として年2回の決算日に支払います。

ETFと同様、J-REITも分配金の透明性が非常に高い点が特徴です。家賃収入の90%以上を分配金に回すという約束のもと、法人税の支払いを免除されているのです。そのためJ-REITは、組入物件の家賃収入から経費を差し引いた残りのほぼ全額を分配金として投資家に還元します。そして最大の魅力は、何といってもこの分配金利回りが高いことにあります。

2023年12月現在、J-REITは58本あり、分配金利回りの平均は4・2%もあり

J-REITの分配金利回り上位10ファンド

投資法人名	投資口価格（円）	分配金利回り（％）
トーセイ・リート投資法人	134,500	5.32
投資法人みらい	44,200	5.28
タカラレーベン不動産投資法人	101,500	5.27
スターアジア不動産投資法人	57,700	5.26
ザイマックス・リート投資法人	117,900	5.26
エスコンジャパンリート投資法人	118,400	5.26
東海道リート投資法人	127,400	5.17
マリモ地方創生リート投資法人	128,000	5.14
Oneリート投資法人	265,900	4.89
いちごオフィスリート投資法人	84,800	4.86

2023年11月30日時点

ます。

ちなみに、分配金利回りが5％以上のJ-REITは8本、4％以上5％未満が38本、3％以上4％未満が11本、2％台が1本です。

J-REITは、分配金の透明性が高いことに加え、高い分配金利回りが期待できるため、特に資産活用層にとって有力な選択肢ではないでしょうか。

試しに、前出の老後2000万円問題で不足するとされた毎月5万4520円、年間65万5000円として、J-REITの分配金で補うことができる金額を計算してみましょう。

少し頑張って年5％の分配金利回り

で運用できるとすると、税引き後65万5０００円、税率を20%とすると税引き前で、81万８７５０円が必要になります。

81万８７５０円を５%で割り戻すと、

81万８７５０円÷５%＝１６３７万５０００円

という数字が算出されます。つまり１６３７万５０００円を年５%の分配金利回りで運用できれば、手取りで年間65万５０００円を得ることができるのです。分配金の受け取りだけで投資元本の１６３７万５０００円を取り崩す必要がなければ、お金の心配とは無縁になりますね。

もちろん、投資している賃貸物件からの家賃収入が減って分配金利回りが低下する可能性はあります。ただし、これまでのJ-REITの分配金実績を見る限り、大きく減配されたケースはほとんど見受けられません。

それでも投資口価格が下がってしまうリスクはあります。その場合にはさまざまな資産クラスに分散投資することでリスク分散につながります。資産を活用して収入を得たい人は、ETFやJ-REITを上手く活用して資産収入を獲得することで豊かな人生を送ることができると思います。

金ETFでリスク分散をはかる

ポートフォリオに組み入れたほうが良い資産として、「金（GOLD）」を取り上げたいと思います。

金に投資する方法としては、「純金積み立て」「金先物取引」「金地金」「地金型コイン」などのほかに「金ETF」があります。

金先物取引は、現物の金を手にすることなく、短期的な値動きを狙って売買することで値ざやを稼ぐ取引です。レバレッジといって証拠金として拠出した資金の何十倍もの金額を投資することができます。仮にレバレッジが30倍だとしたら、10万円の証拠金を入れるだけで、300万円の金取引が可能になります。

レバレッジをかけた取引はハイリスク・ハイリターンであり、大儲けできる可能性がある半面、大損する可能性も大きくなることを意味します。最長1年までしかポジションを持てないこともあるので、長期投資には向きません。

また金地金、地金型金貨については、現物を手にできるので金を保有している実感はあるものの、保管場所の問題に悩まされます。金地金と地金型コインは現金と同じで無記名なので、盗難に遭った場合はすぐに現金化されてしまう可能性があります。管理や盗難リスクの点で課題があるのです。

純金積み立ては取扱会社が管理してくれるので保管の問題はありませんが、手数料などの取引コストが割高というデメリットがあります。

一方、「金ＥＴＦ」は実質的に金価格に連動するように設計されています。同時に、金地金や地金型コインのように現物を持たなくても済み、管理も楽で盗難リスクもありません。コストが割安であることもメリットです。東証上場のＥＴＦであれば、ネット証券の多くは売買手数料はゼロ、信託報酬率も非常に低廉です。

現在、東京証券取引所に上場されている金ＥＴＦは３本あります。「ＮＥＸＴ ＦＵＮＤＳ金価格連動型上場投信」「ＳＰＤＲゴールドシェア」「純金上場信託」です。金価格に連動するという意味では同じようなものです。しかし「純金上場信託」だけは、国内に保管されている金現物を裏づけに発行されています。そのため一定水準以上のグラム数に該当する受益権口数があって保有者が望めば、金地金と交換できます。

ちなみに「ＮＥＸＴ ＦＵＮＤＳ金価格連動型上場投信」は金地金を組み入れているのではなく、金価格に連動する仕組み債に投資をしています。また「ＳＰＤＲゴールドシェア」は、円換算した「金地金価格（ロンドン金値決め）」に連動するETFです。

このように金ETFにも銘柄によって特徴があります。そのいずれを選べばいいのかについては次章に譲ります。

私は金ETFをポートフォリオに入れる場合、5％から15％くらいをお勧めしています。

「金は投機的な商品だから買わないほうがいい」などという意見もあるようです。しかし、金は実物資産であり、株式や債券のような金融資産が金融不安などによって暴落した時には、逆に値上がりする傾向があります。そこで、ポートフォリオの一部に金ETFを組み入れておくといいのです。

また、金は値上がりしていく可能性もある資産です。日本円や米ドルといったお金（貨幣）はいくらでも発行できるので、需給面から相対的な価値が下がったり、発行している国の信用力が下落することで価値が下がる可能性があります。

ところが金は有限な資源です。これまで人類が採掘してきた金の総量は約18万トンで、オリンピック公式競技用プールの約3・8杯分などと言われています。現時点の埋蔵量は約5万4000トンと推定されています。ただし採掘が困難な場所もあるため、すべてを採掘できるわけではありません。現在の産出ペースのまま採掘を続ければ、約20年で新しく採掘できる金はなくなってしまうという試算もあります。

それだけに金価格には今後、上昇圧力が加わる可能性もあると考えられます。だとしたら、金ＥＴＦをポートフォリオに組み入れないわけにはいかないでしょう。

第6章

日本でもっとも信頼されている資産運用アドバイザーが勧める投資信託13選

50歳を過ぎたとしても諦める必要なし

一言で「資産運用」といっても、年齢によって運用スタイルや選択すべき投資信託は違ったものになってきます。

たとえば一般的に20代から50歳くらいまでは「資産形成層」といっていいでしょう。多くの人にとって、自身の老後に必要なお金を積み上げていく年代に該当します。しかし、金融広報中央委員会が毎年行っている「家計の金融行動に関する世論調査」の令和4年版によると、2人以上世帯で金融資産を「保有していない」と答えた50代は24・4%もいます。

確かに「もう50代だし、今さら資産形成なんて無理だよ」とおっしゃる人もいますし、50代からの資産形成は「遅きに失した」というイメージもあるかもしれません。

でも諦めてはいけません。もし退職金を受け取ることができるなら、55歳からの資産形成でも何とか間に合うかもしれません。

退職金を1000万円としてシミュレーションをしてみましょう。

ちなみに、退職金のモデルとして2000万円とか3000万円を挙げるケースがありますが、あれは経団連に加盟しているような大企業の事例です。日本の大企業で働いている会社員の割合は3割程度と言われています。2000万円、3000万円の退職金を受け取れる人は少数派といってよいでしょう。

では中小企業で働いている人が受け取れる退職金の額は、いくらになるでしょうか。

東京都産業労働局が公表している「中小企業の賃金・退職金事情（令和4年版）」の数字を取り上げてみます。それによると、定年退職を迎えた人が受け取れる退職金の額を最終学歴別に見ると、次のようになります。

・高校卒＝994万円
・高専・短大卒＝983万2000円
・大学卒＝1091万8000円

最終学歴を問わず、受け取れる退職金の額は1000万円前後です。したがって、ここでは退職金の額を1000万円とします。さらに、60歳で退職金を受け取った後、雇用延長によって65歳まで働けると仮定します。つまり55歳から65歳までの10年間を資産形成期間とみなし、この期間のなかでどこまで資産を積み上げていけるのかを考えてみます。

積み上げの目標＝資産形成のゴールは、再度「老後2000万円問題の解決」とします。再掲ですが、「老後2000万円問題」では、毎月約5万5000円、年額にすると66

万円が足りないということでした。年額66万円を税引き後で受け取るとしたら、税引き前で82万5000円の分配金収入を得られるだけの資産をつくればよいことになります。この答えは前章でもお伝え済みですが、次の通りとなります。

仮に年5%の運用利回りが実現できるとした場合、

82万5000円÷5%＝1650万円

ということになります。したがって、受け取れる退職金の額が1000万円ならば、差額の650万円を55歳から65歳までの10年間でつくればいいのです。

10年間で650万円ということは、1年で65万円。1カ月にすると5万4000円程度です。これはまったく運用利回りを考慮していない、素の金額です。10年間、何とか頑張って毎月5万4000円を投資できれば、65歳になった時には、退職金とあわせて1650万円の金融資産を築くことができます。それを年5%で運用できれば、税引前で毎年82万5000円の収入を得ることができるのです。

このプランが実現できれば、老後の不安がなくなるのではないでしょうか。

資産形成層に適した投資信託、資産活用層に適した投資信託

では、資産形成層に適した投資信託とは何でしょう。

大事なのは収益性、つまり多少リスクがあっても大きなリターンを望めることです。そこで選ぶべきは、株式に投資する投資信託です。株式は長期的には保有しているだけで、リターンを得ることができる資産なのです。

もちろん、株式に直接投資するという手もあります。

ただし株式の個別銘柄に投資する場合でも、リスクを分散させるために複数銘柄を組み合わせたポートフォリオを組む必要があります。1銘柄だけにしか投資していないと、業績悪化等によって暴落したり、最悪倒産したりすると、あっという間に資産の大半を失うことになりかねません。リスク分散のためには、5～20銘柄程度に分散投資することをお勧めします。

銘柄数が増えれば増えるほど、必要な金額も大きくなり、管理（定期的な業績チェック等）が大変になってきます。資産形成期にある人、特に20代、30代の人は投資できるお金もそう大きくはないでしょう。多額の資金がある人はいいのですが、毎月の積立金額も、大半

の人は月1万円から5万円、多くても10万円程度が精いっぱいではないでしょうか。だとしたら、株式の個別銘柄でポートフォリオを組むのは困難です。だからこそ投資信託があるのです。

投資信託であれば最低100円から積立投資が可能ですし、1本の投資信託でたくさんの株式に投資したのと同じ、つまり分散投資が可能になります。資産形成期にある人たちにとって、投資信託は将来、大きな資産を築くうえで強い武器になるのです。

資産形成期にある人は、時間を味方につけてできるだけ早くから積立投資をすることと、無駄な出費を抑えることを意識してください。

「複利」という言葉を聞いたことがあるでしょうか。かのアインシュタイン博士が「人類最大の発明」と呼んだ利息が利息を生む仕組みのことです。複利は時間が経てば経つほどその効果を発揮します。できるだけ早く始めて長く投資することが、より大きな資産を築くことにつながるのです。

また、積立投資に回す金額を可能な限り増やすことも大切です。やはり、毎月1万円よりは2万円、2万円よりは3万円のほうが将来大きな資産を築くことができます。そのために無駄な出費はやめましょう。無駄な出費の最たるものに「保険」があります。詳細は割愛しますが、日本は公的な保険制度が充実しています。保険会社のやたら不安をあおるようなセールストークに乗せられて、「保険に入り過ぎ」てしまっている人が多いのです。ここを適正にするだけで月に数万円浮く可能性があります。ですので、なかなか積立投資に回すお金が捻出できない人は、まず保険の見直しをしてみてください。

では資産活用期にある人の運用は、どうすればいいのでしょうか。

前述したように資産活用層は、それまで蓄積してきた金融資産から定期的に収入を獲得できるような運用が中心になります。その収入で公的年金と併せて日常生活や趣味を充実させ、人生を謳歌するのです。したがって、投資信託で構築したポートフォリオを定期的に取り崩していくか、ＥＴＦで定期的に分配金を得られるようなポートフォリオを構築するかのどちらかが良いでしょう。

どちらを選ぶかは資産がどれくらいあるか、また、いくらくらいの収入が欲しいのかによって変わります。資産が減っていくのが心配な人は分配金獲得狙いのＥＴＦポートフォリオ、その心配がない人は投資信託ポートフォリオで取り崩ししていっても良いでしょう。

以上の点を踏まえながら、資産形成層にお勧め（資産活用層もＯＫです）の投資信託、資産活用層に適した投資信託を挙げていきたいと思います。まずは、資産形成層にお勧めできる投資信託からご紹介していきましょう。

インデックスファンド

eMAXIS Slim全世界株式（オールカントリー）

全世界株式インデックスファンドのなかでもっとも純資産総額の大きなファンドです。MSCIオール・カントリー・ワールド・インデックスという株価指数に連動することを目標に運用されています。個人投資家の間では、親しみも込めて「オルカン」と呼ばれています。

このファンドに限らず、eMAXIS Slimシリーズは「業界最低水準の運用コストを、将来にわたってめざし続ける」がコンセプトです。事実、より低コストの商品が出てきたら、すかさず信託報酬を引き下げ、コンセプトを実現してきています。そんなところも多くの人から支持される要因となっています。前

eMAXIS Slim全世界株式（オールカントリー）

運用会社	三菱UFJアセットマネジメント
運用手法	インデックス型
純資産総額	1兆8205億6600万円
投資対象資産	株式
投資対象地域	全世界
購入時手数料	なし
信託報酬率	年0.05775％
総経費率	年0.15%

純資産総額は2023年12月29日現在

述の通り、世界の人口が増える→世界の経済が拡大する→それにともなって世界の株式会社の利益の総和は拡大するのであれば、世界中の株式に投資すれば必然的にリターンを獲得できるのです。資産形成層であるか、資産活用層であるかを問わず、どんな人にお勧めできる投資信託です。ポートフォリオの主食部分であると考えていいでしょう。これから資産形成を始めるのであれば、これ1本だけをひたすら積み立てても良いと思います。

インデックスファンド

〈購入・換金手数料なし〉ニッセイ外国株式インデックスファンド

これもインデックスファンドのなかでは人気の1本です。MSCIコクサイ・インデックスといって、日本を除く世界先進国22カ国の株式市場全体の動向を示す株価指数への連動を目指す投資信託です。

同インデックスは、およそ1300の大型株ならびに中型株で構成されています。ただし「日本を除く」なので、日本の株式市場の値動きは反映されません。したがって、日本の株式市場の将来に悲観的な人はeMAXIS Slim全世界株式（オールカントリー）

よりもこちらを選ぶと良いでしょう（eMAXIS Slimシリーズには日本を除いた全世界株式ファンドもあります）。

とはいえ、2013年にアベノミクスがスタートして以降、日本株も良いパフォーマンスを出しているので、やはり日本株にも投資したい！　と考えている人もいると思います。

その場合、この投資信託に加えて、日本株を投資対象としたアクティブファンドと組み合わせる手があります。

ニッセイ外国株式インデックスファンド

運用会社	ニッセイアセットマネジメント
運用手法	インデックス型
純資産総額	5932億2800万円
投資対象資産	株式
投資対象地域	日本を除く主要先進国
購入時手数料	なし
信託報酬率	年0.09889％
総経費率	年0.13%

純資産総額は2023年12月29日現在

現実的には、日本経済は人口減少の影響を受けざるを得ないため、今後、すべての日本企業が右肩上がりで成長できるとは限りません。株式市場でも選別色が強まるでしょう。

だとすると、日本株に関しては市場全体を買うインデックスファンドよりも、成長企業を選別して投資するアクティブファンドを選ぶほうが合理的であると考えられます。

そこで、日本を除く先進国株式に分散投資するインデックスファンドを買うのと同時に、日本株に関してはアクティブファンドを買うのは良いアイデアだと思います。

〈購入・換金手数料なし〉ニッセイ外国株式インデックスファンドは総経費率が年0・13%です。運用コストは極めて低廉であり、その分だけ連動目標とするMSCIコクサイ・インデックスに対して高い連動率を持つことが期待されます。

インデックスファンド

eMAXIS Slim米国株式（S&P500）

日本国内のETFを除く投資信託の中で最大となる、約3兆円もの純資産総額を誇るインデックスファンドです。

ファンド名にもあるように、米国を代表する株価指数であるS&P500への連動を目標にしています。S&P500は、ニューヨーク証券取引所とナスダックに上場されている大型株のなかから選ばれた500銘柄で構成されています。その値動きは米国株式市場全体の動向を把握するのに重要で、機関投資家も重視しています。採用銘柄は四半期ごとに入れ替えが検討されることから、その時々の米国を代表する企業となります。このため米国経済の変遷や企業の栄枯盛衰をそのまま反映するといっても過言ではないでしょう。

ＳＮＳでは、よく「オルカンかＳ＆Ｐ５００か」が論争になります。過去の実績を見ると、オルカンが有利な時代もあればＳ＆Ｐ５００のほうが有利な時もあります。２０１２年以降は、いわゆるＧＡＦＡＭの躍進もあってＳ＆Ｐ５００のほうが良いリターンとなっています。このさきも米国は世界の中心であり、米国経済の成長とイノベーションを疑わない人はＳ＆Ｐ５００を選択して良いと思います。新興国を含む米国以外の国のリターンも狙いたい人は、オルカンをメインに据えたら良いでしょう。

また、オルカンとＳ＆Ｐ５００の両方に投資する人もいます。しかし、これは分散投資にはなりません。

というのも、「ｅＭＡＸＩＳ　Ｓｌｉｍ全世界株式（オールカントリー）」は、「ニッセイ外国株式インデックスファンド」も含め、ポートフォリオの大部分が米

eMAXIS Slim米国株式（S&P500）

運用会社	三菱UFJアセットマネジメント
運用手法	インデックス型
純資産総額	2兆9987億7300万円
投資対象資産	株式
投資対象地域	米国
購入時手数料	なし
信託報酬率	年0.09372％
総経費率	年0.11％

純資産総額は2023年12月29日現在

国株式で占められるからです。オルカンは約60％、ニッセイ外国株式インデックスは約74％が米国株式です。そのため、これら2本の投資信託のいずれかとeMAXIS Slim米国株式（S&P500）を組み合わせると、屋上屋を架すようになってしまい、分散投資の観点からはあまり意味がありません。

繰り返しですが、米国経済の成長を信じるならS&P500、米国一国に賭けるのにリスクを感じるのであれば、オルカンかニッセイ外国株式インデックスファンドを選べば良いでしょう。

インデックスファンド
〈購入・換金手数料なし〉ニッセイNASDAQ100インデックスファンド

「eMAXIS Slim全世界株式（オール・カントリー）」や「〈購入・換金手数料なし〉ニッセイ外国株式インデックスファンド」をまじめな優等生とすれば、こちらはさしずめやんちゃなわんぱく坊主といっていいでしょう。

NASDAQ100とは、S&P500やニューヨーク・ダウ工業株30種平均と並ぶ、米国を代表する株価指数です。米国ナスダック市場に上場されている約3500銘柄のなかから、金融を除く時価総額上位100銘柄によって構成された株価指数です。この指数に連動するインデックスファンドが「〈購入・換金手数料なし〉ニッセイNASDAQ100インデックスファンド」です。

ニッセイNASDAQ100インデックスファンド

運用会社	ニッセイアセットマネジメント
運用手法	インデックス型
純資産総額	321億8800万円
投資対象資産	株式
投資対象地域	米国
購入時手数料	なし
信託報酬率	年0.2035％
総経費率	年0.26％

純資産総額は2023年12月29日現在

ニューヨーク証券取引所とナスダックは米国を代表する株式市場です。前者は時価総額が世界最大、上場審査基準がもっとも厳しいと言われています。ニューヨーク証券取引所に上場している企業は世界最高峰の優良企業といって良いでしょう。

対してナスダックは、成長企業や新興企業が中心です。新陳代謝が激しいのが特徴でもあり、毎年100社以上が新規上場する半面、100社以上が上場廃止になっています。

こうした新陳代謝を生き抜いた世界屈指の企業、アップル、アマゾンドットコム、アルファベット（Googleの親会社）、マイクロソフト、エヌビディア、アドビシステム、メタ、テスラ、インテル、シスコシステムズなどが代表格です。世界的な巨大IT企業やバイオテクノロジー企業が多くの部分を占めています。株式市場が成長株優位の時は、S&P500よりも高いリターンとなる傾向があります。半面、逆風が吹き荒れている時は、大きく株価が下落するリスクもともないます。「〈購入・換金手数料なし〉ニッセイNASDAQ100インデックスファンド」をポートフォリオに加えるのであれば、他の投資信託と組み合わせて投資することをお勧めします。

アクティブファンド
農林中金〈パートナーズ〉長期厳選投資おおぶね

これまで紹介してきた投資信託はインデックスファンドでした。このファンドは、米国株式を対象にしたアクティブファンドになります。

独自の投資方針と銘柄選択に強い信念を持っている投資信託で、組入銘柄数はわずか30銘柄前後と投資先を絞り込んで運用するのが特徴のひとつです。

投資対象はいわゆるバリュー株が中心になるので、S&P500やNASDAQ100

などのインデックスとは異なる値動きになります。

コンセプトは、「危機に強く長期で伸びる世界的な企業に厳選して投資する」というもので、「売らなくてもいい企業しか買わない」というスタンスを貫いています。


農林中金〈パートナーズ〉長期厳選投資おおぶね

運用会社	農林中金全共連アセットマネジメント
運用手法	アクティブ型
純資産総額	430億1600万円
投資対象資産	株式
投資対象地域	米国
購入時手数料	2.20％を上限とする
信託報酬率	年0.99％
総経費率	年1.01％

純資産総額は2023年12月29日現在

銘柄選択は、「高い産業付加価値」「圧倒的な競争優位性」「長期的な潮流」の3つを持っているかどうかという点に着目しています。

本当に世の中に必要とされる製品やサービスを提供し、競合企業に競争したくないと思わせるほどの圧倒的な優位性があり、世界人口が90億人、100億人と増加していくなかで売上や利益を伸ばしうる企業に投資するのです。こうした企業を選別するために、海外企業の経営陣と対話を繰り返し、現地の工場視察も行っています。

また、徹底しているのが「一括投資ができない」点です。長期投資しかできないように、あえて販売会社には「積立投資」しか認めていないのです。

さらに、受益者だけが参加できる毎月のメンバーズカンファレンスや投資先企業の説明や出張報告なども行っています。

まさにアクティブファンドの鑑といってもいいでしょう。このコンセプトやポリシーに絶対的な信頼を置けるのであれば、前出の「eMAXIS Slim全世界株式（オールカントリー）」や「〈購入・換金手数料なし〉ニッセイ外国株式インデックスファンド」と「農林中金〈パートナーズ〉長期厳選投資おおぶね」を組み合わせるのも良いでしょう。

アクティブファンド

ひふみプラス

おおぶねと同様、アクティブファンドです。こちらの投資対象は日本株がメインです。運用会社は独立系投資信託会社の雄、レオス・キャピタルワークスです。ひふみ投信という直接販売用のファンドと証券会社や地銀などの販売会社用のひふみプラスがあり、ファミリーファンド方式で運用しています。

運用開始は2012年5月です。設定来の運用成績は407・78％と非常に優秀です。

しかし直近3年間は、東証株価指数の53・46%値上がりに対して、ひふみプラスはわずか12・97%にとどまっています。残念ながら市場全体の値動きに対して、かなり劣後してしまいました。

その理由のひとつに、純資産総額が大きくなったことが考えられます。ひふみプラスはひふみ投信とあわせてひふみ投信マザーファンドで運用されていますが、その純資産総額は7900億円を超えています。日本株アクティブファンドの中で最大の規模にまで成長しました。しかし、アクティブファンドはあまりにも純資産総額が大きくなると、運用が難しくなると言われています。もともと中小型株運用に強みを持っていたので、規模の拡大がマイナスの影響を与えてしまったかもしれません。

また、コロナ禍以降は外国人投資家が主導する大型株優位の相場が続き、中小型株は見向きもされない状況が続いています。そのようななかで大型株への取り組みが遅れた、あるいは中途半端になったのが運用実

ひふみプラス

運用会社	レオス・キャピタルワークス
運用手法	アクティブ型
純資産総額	5214億2000万円
投資対象資産	株式
投資対象地域	日本中心
購入時手数料	3.30%を上限とする
信託報酬率	年1.078%
総経費率	年1.08%

純資産総額は2023年12月29日現在

績不振の原因と考えられます。

ひふみプラスは「日本を根っこから元気にする」をコンセプトに、全国の経営者に会い、定性・定量の両面から徹底的な調査・分析を行って日本の成長企業を発掘し、長期的に選別投資するアクティブファンドです。今、このコンセプトは変えずに運用成績を改善すべき、大きな改革に乗り出しています。

具体的には、まずは銘柄数の絞り込みがあります。２０２３年10月には、売買合わせて４０００億円のトレードを行い、３０７銘柄から２２３銘柄に絞り込みました。

さらに、10年先を見据えた運用に変更しました。

具体的には、①日本の未来を切り拓くリーディングカンパニー②未来の日本のリーダーになる成長企業「ネクスト・ジャパン」③10年で10倍になるかもしれない「テン・バガーズ」④海外の「グローバル・スターズ」の4つに分けて投資をしていく方針です。①が60%程度、②10~15%③10%程度④10%程度の比率を想定しています。今後のひふみプラスに期待したいと思います。

ここからは資産活用層に適した投資信託をご紹介します。

NEXT FUNDS 日経平均高配当株50指数連動型上場投信

日経平均構成銘柄のうち、配当利回りの高い50銘柄で構成される「日経平均高配当株50指数」との連動を目指すETFです。主な組み入れ銘柄は、川崎汽船、INPEX、商船三井、日本製鉄、三菱UFJフィナンシャルグループ、日本たばこ産業などです。

決算日は、1月・4月・7月・11月の各7日で、分配金の支払いは決算日から1カ月強先となります。2023年は、1月145円、4月966円、7月104円、10月893円となり、合計2108円の分配金が支払われました。4月と10月の分配金が多いのは、組み入れている銘柄の多くが3月末と9月末の株主に配当が出るからです。

これを2023年10月末時点の取引所価格である5万6580円で割ると、3・73%という分配金利回りになります。東証プライム市場全体の配当利回りは2・2%程度ですので、やはり高配当銘柄を集めただけの利回りとなっています。

この銘柄は、時価総額約1640億円、日々の売買代金は約16億円、マーケットメイク

NEXT FUNDS
日経平均高配当株50指数連動型上場投信

運用会社	野村アセットマネジメント
運用手法	インデックス型
時価総額	1641億7000万円
投資対象資産	株式
投資対象地域	日本
購入時手数料	各証券会社の株式委託手数料が適用
信託報酬率	年0.308％
総経費率	――

純資産総額は2023年12月29日現在

銘柄でもあるので流動性に心配はありません。

マーケットメイクとは、証券会社が売り注文と買い注文を常に提示する制度です。これにより流動性が担保され、投資家は安心して売買できるのです。

高配当利回りを狙うのであれば、個別銘柄に直接投資したほうがより高いリターンを期待できます。ただし、銘柄選択のための研究や管理に手間がかかりますし、リスクも高くなります。この銘柄一本買うだけで50銘柄への分散投資が可能となります。リスク分散ができて、より手軽に高い分配金利回りを享受することができるのです。

ＭＡＸＩＳ全世界株式（オールカントリー）上場投信
ｉシェアーズＳ＆Ｐ５００米国株ＥＴＦ

「ｅＭＡＸＩＳ Ｓｌｉｍ全世界株式（オールカントリー）」は非上場の投資信託です。こちらは、そのＥＴＦ版と考えていただいていいでしょう。

分配金は年2回支払われます。直近2回の決算で見ると、２０２３年６月決算時が１４８円、２０２３年12月決算時が１２６円ですから、合計２７４円です。２０２３年６月決算時の取引所価格が１万６１４５円ですから、分配金利回りは１・７％程度です。

利回りとしては、さほど高いものではありません。しかし、全世界株式インデックスがもっとも基本的かつシンプルな投資対象であり、この銘柄は全世界株式インデックスに連動するＥＴＦです。前出のオルカンと同じく、まっさきにポートフォリオへの組み入れを検討して良い銘柄です。

分配金利回りだけを考えれば、前出の「ＮＥＸＴ ＦＵＮＤＳ 日経平均高配当株50指数連動型上場投信」のほうが有利です。ただし日本経済が停滞し、日本株も低迷した時のリスクが大きくなります。この銘柄に投資することで、全世界の株式市場の成長を取り込み、ポートフォリオのリターン向上とリスク分散が期待できます。

また、米国の成長を取り込みたいのであれば、「ｉシェアーズＳ＆Ｐ５００米国株ＥＴ

MAXIS全世界株式（オールカントリー）上場投信

運用会社	三菱UFJアセットマネジメント
運用手法	インデックス型
時価総額	342億1700万円
投資対象資産	株式
投資対象地域	全世界
購入時手数料	各証券会社の株式委託手数料が適用
信託報酬率	年0.0858％
総経費率	――

純資産総額は2023年12月29日現在

iシェアーズS&P500米国株ETF

運用会社	ブラックロック・ジャパン
運用手法	インデックス型
時価総額	660億9502万円
投資対象資産	株式
投資対象地域	米国
購入時手数料	各証券会社の株式委託手数料が適用
信託報酬率	年0.066％
総経費率	――

純資産総額は2023年12月29日現在

F」を組み入れるという手もあります。同ETFはS&P500に連動する米国上場のIVVというETFに投資しています。分配金利回りは1・6%程度です。

資産活用層向けETF

iシェアーズ米ドル建て投資適格社債ETF（為替ヘッジあり）

これまで紹介してきた投資信託とETFは、すべて株式を組み入れて運用するタイプでした。この銘柄は投資適格の米ドル建て外国社債を主要投資対象としています。

「投資適格債券」とは、債券格付けでBBB（トリプルB）以上を取得している債券のことです。債券には政府が発行している国債や企業が発行している社債などがあります。このETFに組み入れられているのは、バンク・オブ・アメリカやJPモルガン・チェース、ドイツテレコム、AT&T、アップルなど先進国の優良企業が発行している社債が中心です。合計で2700銘柄以上もの社債を組み入れています。

社債ですので、償還を迎えるまでにデフォルトといって元利金の支払いが滞るリスクがないわけではありません。しかし、投資適格債に限定していること、2700銘柄以上に分散投資されていることから比較的安全なETFであると言えます。

また、このETFは為替ヘッジ付きであることが特徴です。外国の資産に投資する際に避けて通れないのが「為替リスク」です。その為替変動リスクを回避するためにヘッジをかけているので、外国債券の高い利回りを円ベースで享受することができるのです。

ただし、債券型のETFだからといって元本割れリスクが低いわけではありません。過去の基準価額を見ると、2021年9月30日から2022年9月30日までの1年間のトータルリターンはマイナス23・13%でした。債券は、金利が上昇すると価格が下落するという特性を持っています。この期間中、米国の金利は大幅に上昇したことでETFに組み入れられている債券の価格が値下がりし、ETFの基準価額も大幅に下がったのです。

しかも、この間は円安ドル高が大幅に進みましたが、為替ヘッジ付きであるがゆえに円安メリット

iシェアーズ米ドル建て投資適格社債ETF（為替ヘッジあり）

運用会社	ブラックロック・ジャパン
運用手法	インデックス型
時価総額	384億9679万円
投資対象資産	債券
投資対象地域	米国中心
購入時手数料	各証券会社の株式委託手数料が適用
信託報酬率	年0.308％
総経費率	——

純資産総額は2023年12月29日現在

を享受することができずにＥＴＦ価格は下落しました。

今後もし、米国景気が悪化して金利が低下すると、債券価格は値上がりし、ＥＴＦ価格の上昇要因となります。また、もし円高ドル安になったとしても価格下落を抑えることが可能です。

債券は株式とは違う値動きになることが知られています。資産活用層にとって、資産形成層よりはるかにリスク分散が重要になります。リスクを抑えるために株式と債券の両方をポートフォリオに組み入れることを検討してください。

なお分配金利回りは比較的高く、３％台後半程度となっています。

資産活用層向けETF

iシェアーズ・コアJリートETF
NEXT FUNDS外国REIT・S&P先進国REIT指数（除く日本・為替ヘッジなし）連動型上場投信

両方とも不動産投資信託（ＲＥＩＴ）を組み入れて運用しているＥＴＦです。

iシェアーズ・コアJリートETF

運用会社	ブラックロック・ジャパン
運用手法	インデックス型
時価総額	3297億3468万円
投資対象資産	不動産投資信託（J-REIT）
投資対象地域	日本
購入時手数料	各証券会社の株式委託手数料が適用
信託報酬率	年0.1650％
総経費率	――

純資産総額は2023年12月29日現在

「ｉシェアーズ・コアＪリートＥＴＦ」の分配金利回りは３・90％程度、「ＮＥＸＴ ＦＵＮＤＳ外国ＲＥＩＴ・Ｓ＆Ｐ先進国ＲＥＩＴ指数（除く日本・為替ヘッジなし）連動型上場投信」の分配金利回りは３・29％程度です。

Ｊ-ＲＥＩＴは日本国内のさまざまな不動産物件を組み入れて運用されていて、個別銘柄で投資することも可能です。ただし株式の個別銘柄投資と同様、特定の銘柄だけに投資した場合はリスクが高くなります。

その点、「ｉシェアーズ・コアＪリートＥＴＦ」は東証リート指数という、上場されている全Ｊ-ＲＥＩＴを構成銘柄として算出されているインデックスです。このため、そのパフォーマンスは特定のＪリートのリスク・リターンに左右されにくい特性を持っています。これは、日本を除く海外のリートに分散投資している「ＮＥＸＴ ＦＵＮＤＳ外国ＲＥＩＴ・Ｓ＆Ｐ先進国ＲＥＩＴ指数（除く日本・為替ヘッジなし）連動型上場投信」も同じです。

NEXT FUNDS 外国REIT S&P先進国REIT指数（除く日本・為替ヘッジなし）連動型上場投信

運用会社	野村アセットマネジメント
運用手法	インデックス型
時価総額	205億4000万円
投資対象資産	不動産投資信託
投資対象地域	日本を除く世界
購入時手数料	各証券会社の株式委託手数料が適用
信託報酬率	年0.187%
総経費率	——

純資産総額は2023年12月29日現在

ちなみに「NEXT FUNDS外国REIT・S&P先進国REIT指数（除く日本・為替ヘッジなし）連動型上場投信」に組み入れられているリートは、米国上場のものが中心で、それ以外にはオーストラリア、シンガポール、イギリス、フランスといった国々のリート市場にも投資しています。

「iシェアーズ・コアJリートETF」は日本のリート市場のみに投資しますから、両方のETFに資金を分散することによって、日本を含む世界の不動産市場に分散投資できることになります。

資産活用層向けETF

純金上場信託

金価格が堅調に値上がりしていることで注目されているETFのひとつです。一番の特徴は金の現物を国内に保管しており、それを担保にして受益証券を発行していることです。そのため受益証券と引き換えに、金の現物を引き出すことが可能です。

金はあくまでも物質なので、株式のように配当はいっさい発生しません。したがって純金上場信託を保有する意味は、他のETFのように高い分配金利回りを確保するためのものではなく、あくまでもリスクヘッジ目的になります。

前述したように、紙幣はいくらでも供給することができます。そのため発行している国の政治情勢や経済のファンダメンタルズ（経済の基礎的条件）によっては、通貨価値が急落、高インフレになる恐れがあります。

これに対して金は地球の埋蔵量が決まっていて、よほどの新鉱脈が発見されない限り新たに生み出されることもありません。限りある資産であるのと同時に、少しずつ費消されていく性質も持ち合わせているので、需給バランスから考えれば、長期的に値上がりして

純金上場信託

運用会社	三菱UFJ信託銀行
運用手法	インデックス型
時価総額	2773億7800万円
投資対象資産	金
投資対象地域	ー
購入時手数料	各証券会社の株式委託手数料が適用
信託報酬率	年0.44%
総経費率	——

純資産総額は2023年12月29日現在

いく可能性があると思います。

また、戦争や政治的対立、経済の混乱等により世界情勢が不安定になった時に金は「輝きを増す」傾向があります。国や富裕層が貨幣ではなく、実物資産である金を選好するからです。

○○ショックのような突発的なことがあれば株式や債券などが不安定になり、暴落する可能性もあります。そんな時こそ、金を組み入れておくことでリスクを抑えることができるはずです。資産活用層に限らず、資産をある程度保有している人であれば金をポートフォリオに組み入れることを検討してください。金のETFを購入するなら、純金上場信託をお勧めします。

終章

濵島さんに頼ったら
なんとかなりそうになった！

インベストメントポリシーと時間分散

序章から引き続きTさんの資産運用です。前回のヒアリングを受けて、まずはインベストメントポリシーと呼んでいる「投資方針」について確認していきます。Tさんの資産状況・収入支出の表（序章参照）や将来の夢、ゴールを元に投資の方針を決めます。

「69歳までは年間４０３万円の収入がありますが、70歳からは財形貯蓄年金がなくなるので公的年金１７３万円だけが収入になります。現在の生活費を前提にすると、いずれも余剰資金があるので十分生活はできると思います。そこで70歳までの10年間は資産拡大の期間として、分配金の出ない、もしくはほとんど出ない投資信託で構築しましょう」と私。

するとTさんは「分配金が出たほうが、うれしいのですけど」とおっしゃいます。

「確かに分配金が出ると気持ちいいのですけど、分配金には約20パーセントの税金が課せられます。再投資するにしても課税後の金額を投資することになります。そこで、お金を増やしていきたい期間は、分配金が出ないものに投資したほうがいいのです。そして10年後に分配金の出るＥＴＦに切り替えて、今度は配当生活をしていただくことを推奨します」

「税金の分がもったいないのですね」Ｔさんはうなずいています。

ゴール（案）

ゴール			実現シナリオ
今後は、自分の時間を見つけ、お金の不安なく、豊かな生活を送りたい		レースドール製作を極める	・WealthLead社を活用し、適切にリスクコントロールされた国際分散投資を開始する ・具体的には、投資元本は4,200万円とし、10年後（70歳）以降に、全てのゴールが達成可能な資産作りを目指す ※試算： 年間必要キャッシュフロー： 470万円 内訳 ・生活費 10万円×12ヵ月＝120万円 ・海外旅行 100万円×3回＝300万円 ・会食 2万円×2回×12ヵ月＝約50万円
		1年に3回ビジネスクラスで海外旅行に出かける（うち1回は、ドイツのマイセンを訪れる）	
		月2回友人と会食を楽しむ	
		将来的に、老後施設に入る資金も準備しておく	

「よくご相談いただく内容として『65歳で退職した後にキャッシュフローが欲しい』というニーズがあります。ですがTさんの場合はキャッシュが現在十分にありますから、10年後までは資産をできる限り大きくしたあとで活用いただくことを推奨します。

70歳以降も趣味のレースドールづくりや年2、3回の海外旅行に行くことをゴールとして設定し、それを実現するためのシナリオを策定しました。Tさんのゴールと実現シナリオ案をご覧ください」（上記表参照）

弊社で作成したパワーポイントの資料をお見せすると、Tさんはポーッとしています。どうやら1年に3度ビジネスクラスで海外旅行に出かけることに感動されたようです。それらのゴール実現のためにかかる費用は、年間必要キャッシュフローとして470万円と試算しました。

「なるほどそれなら、どのくらいの金額を投資に回したらいいのでしょうか」

「Tさんの当面の生活資金を除いた金融資産合計が8800万円となります。その半分に相当する4200万円を投資することを提案します」

「えー、4200万円ですか？」とTさん。「3000万円くらいを想定していたのですが、4200万円は大金です」

「ファンドラップの解約代金と保有されている現預金のうちの余裕資金、それにゴール達成に必要な金額を逆算して割り出した金額です。安全資産として1500万円は預金として手元に置いてください」

「それならすぐに4200万円をかき集めなくてはなりませんね」

「ご安心ください。まずはファンドラップの解約代金1500万円は一括で私たちが提案するポートフォリオにご投資いただきます。ファンドラップで運用していた資金を分割で投資すると、機会損失につながる可能性があるからです。その後、預金から投資する27

００万円は12回に分けて毎月２２５万円を投資していくやり方を提案します。これは『時間分散』という手法です」

「時間分散ってなんですか」

「相場がこのまま上がっていけばいいのですが、時として市場で何か不測の事態が起こることも考えておかなければなりません。一括投資したらたまたま相場の天井だったということもあり得ます。そこで定時定額の積立投資を行い、相場が高い時は少なく、相場が安い時は多く数量を購入することでリスクを分散させるのです。確かに投資資金があるのに今すぐ一括投資しないと、ある意味、機会損失かもしれません。それでも来年（２０２４年）は円高の可能性もありますし、大統領選挙や米国景気動向も不透明ですので、少し時間をかけて投資するほうが良いと考えています。最終的なポートフォリオが完成するのは13カ月後という案にいたしました。それに新ＮＩＳＡを最大限活用していきましょう」

「では慌ててお金をかき集めなくてもよさそうですね」とＴさんは少しほっとしています。

アセットアロケーション＝資産配分案

株式が多めのアセットアロケーションは、期待できるリターンも高くなる一方でリスクも高くなります。逆に債券中心のアセットアロケーションだと、リスクは抑えられるもののリターンが小さくなります。今回の場合、債券と株式をバランスよく投資して、収益性と安全性を両立させたアセットアロケーションを提案しました（左の図参照）。

今回は国内株式と先進国株式、新興国株式、株式全体で5割を構成しています。さらに国内株式1に対して、先進国株式を2としました。一般的な国内株式比率よりも多いですが、国内株式にも十分なリターンが期待できること、ポートフォリオ全体での為替リスクを考慮した結果です。

加えて先進国債券に26パーセント、国内不動産を束ねたリートに8パーセント、先進国リートに8パーセントとなっています。さらに残りの8パーセントを金（ゴールド）に投資しています。

ちなみに金についてはいろいろな考え方があります。そもそも株式やリートは配当金や分配金、債券なら利息という形で保有しているだけでリターンが得られる資産です。ところが金に関しては値上がりすることはあっても、保有しているだけでは何の利益も生みません。そこで、「何も利益を生まない金に投資するのはいかがなものか」という人もいますし、「資産の半分程度を金にしたほうがよい」という人もいます。

アセットアロケーション/組入銘柄

◆ 投資配分は、基本アセットアロケーションに基づき決定
◆ 銘柄は、運用方針、運用規模（流動性）、コスト等を鑑み選定
◆ 金は需給バランスや他資産との相関（ヘッジ性）等を考慮し組入

積立日：8日
（カード決済日に合わせる）

アセットクラス	銘柄	一括買付		積立買付		基本アセットアロケーション	
			NISA		つみたて／成長他		
国内株式	ひふみプラス	750,000		50,000		5.0%	15.0%
				150,000	楽天キャッシュ		
				12,500			
	[redacted]	[redacted]		[redacted]		[redacted]	
	[redacted]	[redacted]		[redacted]		[redacted]	
先進国株式	ニッセイ外国株式インデックスファンド	1,050,000		37,500		15.0%	30.0%
		1,200,000	一般NISA	100,000	つみたて		
		－		200,000	成長		
	[redacted]	[redacted]		[redacted]		[redacted]	
	[redacted]	[redacted]		[redacted]		[redacted]	
新興国株式	[redacted]	[redacted]		[redacted]		[redacted]	5.0%
	[redacted]	[redacted]		[redacted]		[redacted]	
	[redacted]	[redacted]		[redacted]		[redacted]	
先進国債券	[redacted]	[redacted]		[redacted]		[redacted]	26.0%
	[redacted]	[redacted]		[redacted]		[redacted]	
国内REIT	[redacted]	[redacted]		[redacted]		[redacted]	8.0%
	[redacted]	[redacted]		[redacted]		[redacted]	
先進国REIT	[redacted]	[redacted]		[redacted]		[redacted]	8.0%
金	[redacted]	[redacted]		[redacted]		[redacted]	8.0%
合計		15,100,000		2,250,000	未発表	100.%	100.%

私たちは、まだまだ金には需要があり、重要な資産であると考えています。すでに1トロイオンス2000ドル前後まで上がっていますが、将来的にはまだ上がるのではないかと思います。ロシア・ウクライナ戦争、ハマス・イスラエル戦争、米中対立の激化など地政学的なリスクの高まりを受けて、各国が安全資産として金を持ちたがる傾向があります。

さらなる戦争や台湾有事、不測の事態などで株式や債券が暴落する可能性もあり、そのような時には金価格は上がる可能性があります。ポートフォリオ全体のリスクコントロールの観点からも私たちは入れたほうがいいと思っています。同時に人口が増えるに従い、中間層や富裕層も世界中で増えています。富裕層が金を持ちたがるのはご存じの通りです。

ちなみに、コロナショックからしばらくは先進国債券をここまで入れていませんでした。一時期、インド人や中国人が大量に購入して話題になりました。

理由は単純で、金利が異常に低かったからです。米国の利上げが進んだため、米ドル建て債券は投資妙味があると踏んで組み入れています。

一方で国内債券は一切入れていません。今の金利ではほとんどリターンを生まないからです。もし日本の金利が大きく上がってきたら、ポートフォリオに組み入れる可能性はありますが、しばらくはそのような局面はないと思っています。

このあたりはマーケット環境や時代の趨勢に合わせてアセットアロケーションをコント

ロールしていきます。Tさんが投資する2023年12月時点での提案ですから、読者のみなさんが投資する際には変わっている可能性があります。また前述した通り、アセットアロケーションとポートフォリオはオーダーメイドで構築していますので、お一人お一人によって最適解は違います。この点をご理解いただき、盲目的にマネすることのないようにお願いいします。

最後にこの資産配分案で得られる期待リターンは、年平均6パーセント程度と想定しています。この数字はあくまで年平均なので、いい年もあれば悪い年もあります。また想定されるリスクは12・9パーセントとなります。リスクの考え方は第3章で記述してありますので、ご参照ください。

このあとTさんとは正式に契約を交わして、実際の銘柄の開示となります。

新NISAの活用とポートフォリオ

実際にTさんにお示しした基本アセットアロケーションを元にしたポートフォリオ（組入銘柄）の一部をお見せしましょう。

ざっくりとですが、銘柄選定の考え方などについてお話しします。

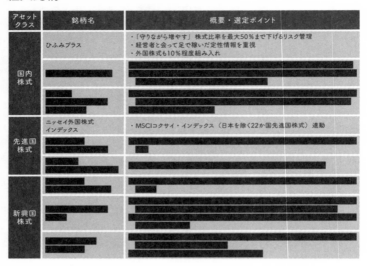

組入銘柄

アセットクラス	銘柄名	概要・選定ポイント
国内株式	ひふみプラス	・「守りながら増やす」株式比率を最大50％まで下げるリスク管理 ・経営者と会って足で稼いだ定性情報を重視 ・外国株式も10％程度組み入れ
	[redacted]	[redacted]
	[redacted]	[redacted]
先進国株式	ニッセイ外国株式インデックス	・MSCIコクサイ・インデックス（日本を除く22か国先進国株式）連動
	[redacted]	[redacted]
	[redacted]	[redacted]
新興国株式	[redacted]	[redacted]
	[redacted]	[redacted]
	[redacted]	[redacted]

銘柄は、アセットクラスごとに、インデックスファンドとアクティブファンドに分けて選定します。インデックスファンドの場合は、純資産総額とコスト（信託報酬、総経費率）、アクティブファンドは、それに加えて運用方針や過去の運用実績などを勘案して選定しています。

株式は国内、先進国、新興国に分けて考えます。国内株式については、アクティブファンドを採用しています。日本の社会にとって必要かつ価値を提供し続けるであろう企業に投資をしていきたいからですし、腕利きのファンドマネジャーがより良いリターンを挙げてくれるだろうと考えているからです。事実、米国株ファンドなどと比べて、日本株のアクティブファンドはベンチマークを上回るリターンを獲得しやすいことが知られています。裏返せば、日本の株式市場がまだ成熟しきっていないとも言えます。

「ひふみプラス」は独立系のアクティブファンドとして日本最大級で、「日本を根っこから元気にする」をコンセプトに主として日本の成長企業に投資をしています。運用責任者の藤野英人氏は業界では有名人です。一時期、彼がファンドマネジャーの立場を離れていた時期もありましたが、２０２３年から現場に復帰して改革を始めました。２００８年の設定来、ＴＯＰＩＸの約２０４％を大幅に上回る約５５０％のリターンと抜群の運用実績を挙げています。この３年ほどは苦戦していましたが、今後は期待できると考えています。

また、銘柄名は伏せますが、国内株式ファンドをあと2銘柄採用しました。主として、中小型の成長株中心に投資するファンドと大型の割安株に投資するファンドです。

中小型成長株は、コロナ禍以降かなり売り込まれてしまいました。２０２３年12月時点でも低迷が続いています。それでもいずれ来る反騰に備えて本銘柄を組み入れました。大型割安株に投資するファンドは、20年以上の運用実績があり、大きな変化が期待できる企業に長期投資するファンドです。今後も着実なリターンが期待できます。

先進国株式については、「ニッセイ外国株式インデックス」に２０２３年時点でのＴさんが使える一般ＮＩＳＡ枠で１２０万円を投資します。ＮＩＳＡ枠では、できるだけ期待リターンの高い資産、銘柄に投資するようにしています。また、「ニッセイ外国株式インデックス」は日本を除く先進国22カ国の株式に投資するファンドです。長期的に米国株を中心として大きなリターンが期待できると考えています。新ＮＩＳＡでも、２０２４年中はつみたて投資枠、成長投資枠で毎月30万円を継続して購入していく予定です。

以下、それぞれのアセットクラスごとに、期待リターンとリスク分散を念頭に組み入れて銘柄を選定しました。

この組入銘柄はすべて２０２３年12月時点のもので、やがて比重も含めて変化していくものです。金融市場の動向と組入銘柄のパフォーマンスを常にチェックし、必要に応じて修正していきます。また定期的なリバランスを実施することで、より良いリターンを追求していきます。

さらに重視しているのが「お客様との対話」です。市場が変わらなくとも、お客様のライフステージや資産状況、リスク許容度、ゴールなどが変われば資産運用も変えなければなりません。定期的な対話を通じて、お客様の人生に金融面から寄り添っていくこと、お客様のゴールを実現することを大切にしています。

ご存じの通り、これから我が国は少子高齢化がどんどん進みます。日本の人口は現在約1億2400万人ですが、2008年の約1億2800万人からすでに400万人も減っています。国立社会保障・人口問題研究所が2023年4月に発表した「日本の将来推計人口（令和5年推計）」によると、2070年には8700万人（出生中位）になるとしました。40数年後には今より3700万人、約3割も人口が減ってしまうのです！

なかでも深刻なのは、「生産年齢人口（15～64歳）が特に減ってしまう」ことです。生産年齢人口のピークは8717万人（1995年）、2020年でも7509万人いましたが、2070年には4535万人、働き手である現役世代が4割も減ってしまうのです。

少し考えてみてください、そんな国が豊かになるでしょうか。2070年というと、この本を読んでくださっている方々の孫の世代が大人になる頃でしょう。もし、寂しい社会を後世に残してしまったとすれば、それは今を生きる私たちの世代の責任だと思っています。

そうさせないためのひとつの答えに「投資」があると思っています。なんで投資が？と疑問に思った人も多いのではないでしょうか。

私たちが生きていくうえで必要な商品やサービスは、そのほとんどはどこかの企業が生み出したものです。そして、私たちが投資をすることは、実は社会が豊かになることでもあるのです。具体的に見てみましょう。

私は仕事でノートパソコンやスマートフォンを使います。パソコンはパナソニック製、スマホはＡｐｐｌｅのｉＰｈｏｎｅです。平日は会社近くのセブン-イレブンかファミリーマートで朝食にコーヒーやサンドイッチを購入します。休みの日は趣味のひとつであるマラソンで、アシックスのランニングシューズとナイキのウェアを愛用しています。私たちが仕事をし、食事をし、趣味も含めて毎日の生活が送れるのも、世の中に多くの企業が存在し、それらの企業が生み出す商品やサービスがあるおかげです。

では投資とは、どういうことでしょうか。株式投資の原点は、「企業（株式会社）に資本を提供すること」です。あなたが素敵な商品やサービスを生み出す企業の株式に投資したとします。企業は株主（あなた）から提供してもらったお金（資本）を活かして、商品やサービスを生み出します。その商品やサービスが社会に受け入れられれば、設備投資や社員を増やし、より良い商品やサービスを多く生み出していこうとします。株式に投資するということは、企業が活動するための資本を提供することに他なりません。

商品やサービスが受け入れられれば、その企業は成長します。成長すれば株価が上がるとか、配当が増えるといった形で株式に投資した人（資本を提供した人）もリターンが得られます。リターンがあれば、旅行やレストランに行ったりしてお金を使うでしょう。投資も増やすかもしれませんし、もしかしたら寄付もたくさんするかもしれません。税金だって多く納めることになります。つまり、お金の好循環が生まれるのです。そうなのです!株式へ投資することで、世の中にお金の好循環が生まれ、より便利で豊かな素敵な社会になっていくのです。つまり、「投資は社会貢献」なのです。

正しく投資のことを理解し正しく投資をしていくこと、そして投資した人がちゃんとリターンを得て、投資の力も利用して素敵な社会を創造していくこと、これを私は「投資の文化」と定義しています。残念ながら日本の人口が減っていくのは間違いありません。ほっておけば寂しい社会になってしまうかもしれません。そうならないための手立てのひとつが「投資の文化」を広めることだと私は考えています。

日本には2120兆円を超える個人金融資産があります。このうち、株式や投資信託等の投資に回っているお金はわずか17・7%に過ぎず、現預金が52・5%と過半を占めています。「ほとんどリターンを生まない預貯金や現金」が半分以上です。ちなみに、家計が保有する「現金」は106兆円弱となっています。このうちの多くは盗られたり火事で燃えてしまったりするかもしれない「たんす預金」でしょう。まったく価値を生まない「死に金」が100兆円もあるのです。預貯金や現金のうち、1割でも投資に回れば110兆円ものお金が企業等に回るのです。そうなれば、活発な企業活動によって便利で豊かな社会になるはずです。

この本を手に取っていただいたみなさま、ぜひ投資をしてください。リターンを得て、望む人生を送ってください。それこそがあなた自身が豊かになり、社会に貢献することにもなるのです。人口が減るこの国であっても、「投資の文化」の浸透により後世に豊かで素敵な社会を残すことができると確信しています。

最後になりましたが、執筆に際してサポートしてくださった友人や弊社の社員に深く感謝いたします。

本書が読者の皆さまのお役に立てることを祈念して筆をおきたいと思います。

ありがとうございました！

[著者プロフィール]
濱島　成士郎（はましま・せいじろう）
株式会社WealthLead 代表取締役。1965年神戸市生まれ、千葉県松戸市出身。信州大学経済学部卒業。1988年４月、新日本証券（現みずほ証券）入社。生まれ故郷の神戸支店を皮切りに７つの営業店、営業企画部門、人事部門、グループ会社を経験。30年にわたり資産運用とM&A、IPOに携わり、横浜西口支店等、４店舗の支店長も務めた。
2011年の東日本大震災を目の当たりにして、「やりたいことに挑戦しないまま死んだら絶対に後悔する！」と若いころからの夢である起業を決意。2017年末みずほ証券を退職、2018年３月、53歳の時に創業。全国285名（2024年１月現在）しかいない日本証券アナリスト協会認定のシニア・プライベートバンカー。著書に『老後の不安がなくなる50歳からのお金の増やし方』（三笠書房）がある。
ｅメール：contact@wealthlead.co.jp

編集協力／鈴木雅光（ジョイント）

証券会社が勧めた投資信託で100万円損しています！
ハマシマさん、資産運用のコツを教えてください

2024年３月１日　　第１刷発行

著　者　濱島　成士郎
発行者　唐津　隆
発行所　株式会社ビジネス社
〒162-0805 東京都新宿区矢来町114番地
神楽坂高橋ビル５階
電話 03(5227)1602　FAX 03(5227)1603
https://www.business-sha.co.jp

カバー印刷・本文印刷・製本/半七写真印刷工業株式会社
〈装幀〉大谷昌稔
〈本文デザイン・DTP〉茂呂田剛（エムアンドケイ）
〈営業担当〉山口健志　〈編集担当〉本田朋子

ISBN978-4-8284-2594-8